我与文物保护的那些事

包立本 著

辽海出版社
·沈阳·

图书在版编目(CIP)数据

我与文物保护的那些事/包立本著.—沈阳:辽海出版社,2022.11

ISBN 978-7-5451-6402-2

Ⅰ.①我… Ⅱ.①包… Ⅲ.①文物保护—中国—文集 Ⅳ.①K87-53

中国版本图书馆 CIP 数据核字(2022)第 198493 号

出 版 者:北方联合出版传媒(集团)股份有限公司
　　　　　辽海出版社
　　　　　(地址:沈阳市和平区十一纬路 25 号 邮编:110003)
印 刷 者:辽宁鼎籍数码科技有限公司
发 行 者:辽海出版社
幅面尺寸:142mm×207mm
插　页:8
印　张:8.5
字　数:247 千字
出版时间:2022 年 11 月第 1 版
印刷时间:2022 年 11 月第 1 次印刷
责任编辑:胡佩杰　吴昊天
责任校对:林明慧

书　号:ISBN 978-7-5451-6402-2
定　价:58.00 元

联系电话:024-23285800
网　址:http://www.lhph.com.cn

法律顾问:辽宁普凯律师事务所 王伟
盗版举报电话:024-23284481
盗版举报信箱:liaohaichubanshe@163.com
如有质量问题,请与印刷厂联系调换
版权所有,翻印必究

文物保护

【我与文物保护的那些事】

文本同志属书

保护常州文物

丁亥正月 谢辰生题

国家文物局顾问、中国文物学会名誉会长谢辰生题词

睹乔木而思故家 考文献而爱旧邦

钱听涛 于北京

原中央党史研究室副编审钱听涛题词

天下名士有部落
东南无与常匹俦

人民文学出版社原总编辑屠岸题词

包立本先生雅教
庚寅八月梁白泉

南京博物院原院长梁白泉题词

【我与文物保护的那些事】文物保护

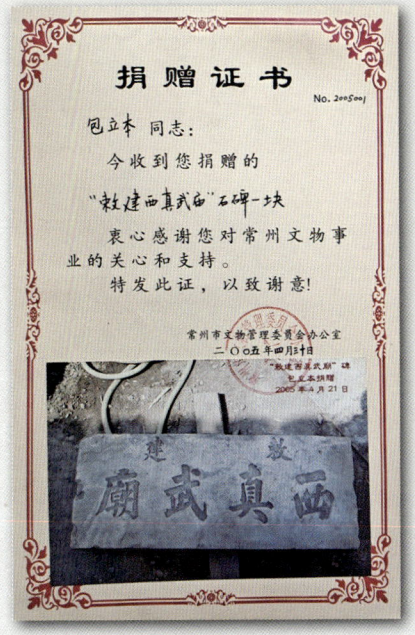

常州市文物管理委员会办公室颁发给作者的捐赠证书

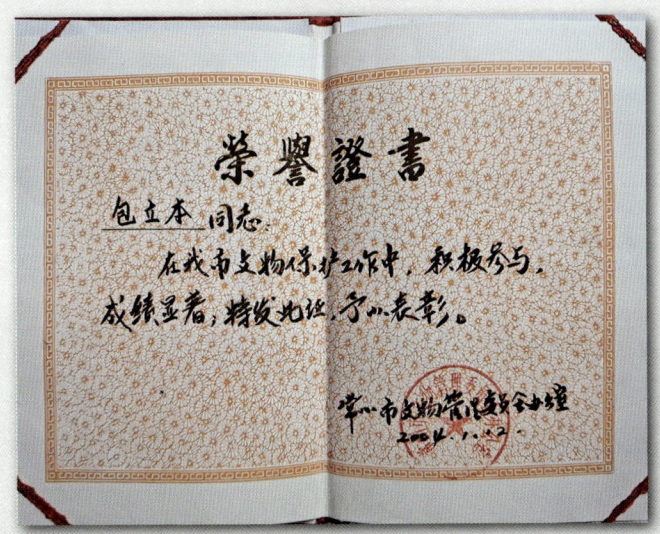

常州市文物管理委员会办公室颁发给作者的荣誉证书

【文物保护——我与文物保护的那些事】

政协常州市委员会办公室颁发给作者的聘书

中国民主建国会常州市委员会颁发给作者的任命书

中国民主建国会常州市委员会颁发给作者的荣誉证书

【我与文物保护的那些事】

作者与国家文物局顾问、中国文物学会名誉会长谢辰生(左)合影

作者与原中央党史研究室副编审钱听涛(左)合影

作者与"汉语拼音之父"周有光(右)合影

【我与文物保护的那些事】

作者与时任文化部常务副部长、国家文物局局长励小捷（右）合影

作者与人民文学出版社原总编辑屠岸（左三）、作家陈肃（左二）、文物专家贺忠贤（右）合影

作者与中国文物学会研究员丹青（左）合影

【我与文物保护的那些事】

作者与时任中国文联党组成员、主席团委员、书记处书记夏潮(右)合影

作者向时任中共常州市委书记虞振新(中)、南京博物院院长徐湖平(左)汇报文物工作

1995年作者与学者陈颂华(中)、文物专家朱达明(右)合影

文物保护

【我与文物保护的那些事】

国家历史文化名城研究中心主任阮仪三致作者文物保护信札

中国文物学会研究员丹青致作者文物保护信札

【文物保护——我与文物保护的那些事】

常州市文物保护单位夏家大院修复专家会议

常州市金坛区文物保护单位"两线"划定专家会议

常州市政协"有事好商量 复兴老城厢"协商议事

文物保护

【我与文物保护的那些事】

作者为民建中央副主席吴晓青（右）作大运河讲解

作者为安徽省政协副主席李修松（中）作周有光故居讲解

作者为市民作青果巷实地讲解

【我与文物保护的那些事】

作者与常州市政协党组成员、副主席赵正斌（左二）考察武进县文庙

作者与常州市文化广电和旅游局、常州市文物保护管理中心领导考察澄西抗日民主政府旧址

作者与常州市规划设计院专家考察横山桥老街

文物保护 【我与文物保护的那些事】

溧阳中华曙猿化石地点旧影

临清会馆旧影

西瀛门城墙旧影

【文物保护 我与文物保护的那些事】

大陆饭店旧影

中吴首社土地堂、夏家大院旧影

牛塘老街许宅旧影

【文物保护——我与文物保护的那些事】

玉佩弄民宅旧影

"天友来"店旧址旧影

八卦井（八角井）旧影

序　言

对文物保护事业的痴心始终未改

（序一）

钱听涛

常州老城厢中心区域，曾有一条名唤"乌龙庵"的小巷，全长仅200多米，东邻化龙巷，西接北大街，南侧紧挨清代武进县衙门旧址，直到2007年，才因城市改造而消逝。本书作者包立本先生，便生于斯，长于斯。那略带斑驳的黛瓦粉墙，无疑是他童年最初的记忆，而狭仄弯曲的里弄巷径，留存着他人生迈行的印象。邻居们多为平民小户，唯有孟氏一宅鹤立鸡群般夺目。孟氏并非大富显贵，但是近百年书香墨韵不绝，宅中步出一位位文化名人，如史学家孟森（清史研究开拓奠基者）、地质学家孟宪民（中国科学院首批院士）、教育家孟宪承（华东师范大学首任校长）等。巷邻们自然引以为豪，也无形中替下一辈埋下了重文求知的种子。或许因在此宅居住了30多年，他深爱小巷的一砖一瓦，一草一木。尽管长大成人，踏向社会，接触到更宽广的天地，他的内心却渐渐萌生了眷恋旧物、珍惜古迹的难解情结。

从10多岁的文艺青年，到已过"知天命"年龄的30余年间，包立本对文物保护事业的痴心始终未改。他长期不懈的行动，早已超越一般志愿者的范畴。当文物管理部门需要时，召之即来，毫无怨言地奉献。主动出击是常事。一发现有不可移动文物受损被毁的信息，即先行到现场寻觅蛛丝马迹，确认后第一时间通报。贴钱贴力贴时是常态，其热情细致，连专职人员都自愧不如。他凭借爱好的钥匙，启开文保专业岗位的大门，可谓优秀刻苦，上上下下都关系融洽。

我与文物保护的那些事

当他跨迈"三十而立"的人生门槛时,上苍终于被感动。相关市领导拍板,决定特招他成为市文物管理部门的一员。面对多少人渴望的岗位,遗憾的是,他却淡淡拒绝了。就这样,他与国家事业单位正式编制名额擦肩而过。无疑,他心中肯定也掀起过波澜。领导、朋友,甚至家人都困惑不解,其生命追求的准星究竟瞄准何方?也许不愿剪断自由翱翔的翅膀;或者太珍视那颗纯真圣洁的初心;抑或清楚一捧上铁饭碗,便不得不屈服官场的某种潜规则;或许更因"天生我材必有用"的自信……

如今的包立本,已成为常州文化界公认的名士,其事业星座的耀目令人惊叹。从民间业余文史爱好者,成为国家级文博权威的挚友知交;自普通的建言献策者,到常州市政协委员。他违于常规的人生之路,文史编纂创作的累累硕果,在众目感慨羡慕之余,也引几分妒忌,以致毁誉之声不绝。他抖展开一串串谜团,令旁观者疑惑好奇,何处寻觅答案?静下心来,不妨转换投视的角度,先审视脚下常州这方烙刻着数千年人类文明足迹印记的山山水水。

早在 6000 多年前,常州地区便有人类活动的遗迹,如圩墩遗址等。文字记载史则可追溯到公元前 547 年,吴国公子季札封于延陵。现今仍保留较多的商周至春秋时期遗存,如中国目前发现保存最完整的地面城池遗址淹城、吴国都城遗址阖闾城等。

西晋末年,中原大乱,北方士民纷纷南迁。数百年后,定居常州的萧道成和萧衍,分别建立了属于南朝的齐和梁两个朝代。萧道成的孙子萧子显编成《南齐书》;萧衍的长子萧统主编了中国最早的诗文选集《文选》。而祖上迁居常州 100 多年的刘勰,则以巨著《文心雕龙》,成为中国文学批评的鼻祖。

明清之际,江南经济繁荣,常州坐拥深厚历史文化积淀,形成中国新的地域文化坐标。文学上,唐顺之一度成为明代文坛领袖,首创"唐宋八大家"之说,形成文学唐宋派。而常州东林学派,一度影响中国政坛执政方向,成为明代末年主要的思想学术流派。

序　言

　　进入清代,常州文化再次进入兴盛期,先后产生了具有全国影响的五大流派,即以庄存与、刘逢禄为代表的常州今文经学派,以恽敬、张惠言为代表的阳湖文派,以张惠言为代表的常州词派,以恽南田为代表的常州画派,以费伯雄、马培之、巢崇山、丁甘仁为代表的孟河医派。还诞生了著名学者洪亮吉、文史大家赵翼、大诗人黄景仁、目录学大家孙星衍、训诂学大师段玉裁、方志学家李兆洛等名士。

　　时轮转到近现代,常州才人又一次涌现高峰。如被誉为"常州三杰"的中国共产党早期领导人瞿秋白、张太雷、恽代英;"爱国七君子"中的李公朴和史良。各类学科杰出人物层出不穷,如:国际语言学大师赵元任、数学泰斗华罗庚、艺术大师刘海粟、医学泰斗吴阶平、"汉语拼音之父"周有光、经济学大家吴敬琏、史学家屠寄、小说大家李伯元、实业兼慈善家盛宣怀、中国审计事业开创者庄蕴宽、戏剧和电影家洪深、戏剧家吴祖光、音乐家吴祖强、京剧大家阿甲、乱针绣创始人杨守玉、《中国大百科全书》奠基者姜椿芳、史学大家吕思勉、书画兼文物鉴赏大师谢稚柳、史学家谢国桢、音乐指挥家陈燮阳等。1948年,中央研究院在全国范围内评选出第一批中央研究院院士共81位,常州籍就占6位,包括吴敬恒、赵元任、张景钺、李宗恩、华罗庚和吴定良等。时至今日,常州籍中国科学院院士和中国工程院院士70余位,在全国地市级行政单位中名列前茅。

　　家乡飘荡千年的文风,历代常州先贤名士如橡巨笔所散发的墨香,随风潜入夜般,从童年起便无声滋润着包立本那片稚嫩的心壤。而其喜静爱思的性格,渐渐对旧物陈迹含蕴某种依恋。20世纪90年代初,他与朱达明、赵争、高松元、黄元裕、刘学民等一批文博同仁筹建常州市文博鉴赏学会、常州市名人研究会等学术团体,逐渐聚合了一批志同道合、习文研古、寻觅心相共鸣的知音。

　　2003年,当他偶然得知常州文物部门有一批与文物保护相关的资料被失误处理后,第一时间赶到废品收购站,用数倍于原来的价格购下,然后小心翼翼地运回珍藏。经过精心梳理编辑,数年后陆续发

我与文物保护的那些事

表。那本已消失的一页页文字、一张张照片，记录了当年文保工作者的艰辛。尤其珍贵的是数量可观的影像，还原了常州众多文物古迹昔年的状况。经过点点滴滴、断断续续的拼接展延，渐浮现清晰的历史脉络。

人生有起伏。他曾卷入苏东坡终老地遗址藤花旧馆的保护风波。2006年，在其主编的《常州名人故居》一书中，《苏东坡终老地遗址》一文名列篇首。其中关于故居的保护范围出现异议。原本普通的学术之争，恰值城市建设改造工程的推进，被扣上与领导决策故意对抗的帽子，置他于风暴中心。面对指责批评，甚至某种高压，他绝不推责他人，而是独自承受。对文物保护的挚情，已融入血液，坚信自己问心无愧。他倔强地挺了过来，依旧活跃在文物保护和历史传承的战场。如今，早已云拨雾散，藤花旧馆得到最佳的保护，并修复开放。

21世纪之初，房地产市场火爆，拆迁不可移动文物的事件频发。包立本与他的伙伴们，曾多次阻挡在开发商的推土机前，用血肉之躯捍卫着身后的古老建筑、名人遗迹。那侠士般的悲凉豪壮，至今忆来依然令人心驰神往。勇士风范固然可嘉，但光凭单打独斗，效果甚微。随着年龄的增长、社会的历练，他的文物保护心得，更具艺术性、科学性、成效性。最好的保护，无疑是事前的规划，前瞻的预案。他注意到人大和政协建言献策的平台，可推动政府行为。最初通过委托熟识的常州市人大代表和政协委员草拟提案。后来自己也成为常州市政协委员，则每年都下沉调研，集思广益后撰写数个涉及文物保护的提案。临清会馆、大成一厂旧址、大成二厂旧址、大成三厂旧址、恒源畅厂旧址、崔桥吴氏宗祠、青果巷、焦溪老街等一大批文物受到保护和修缮，无不饱含他缕缕心血，且个个实锤敲定。

当年，他得知溧阳上黄镇水母山发现4500多万年前的高级灵长类动物化石群的消息后，即自费租车，组织文物爱好者及记者十余人奔赴现场。发现由于开山炸石，大量古化石已遭毁灭性破坏，痛心疾首，通过媒体向全社会呼吁抢救，惊动了政府。现该古动物化石地点

序　言

已列为全国重点文物保护单位。像这类具体的保护活动,他的组织或参与可谓屡见不鲜。而每次的成功,他均归功于相关部门和并肩的战友,事后自己总远远避离舆论的聚光圈,默默地微笑着,任欣悦的清泉漫流渗润心田。置身人间烟火,超尘脱俗恐是奢望。但在近30年的业余文物保护生涯中,他可以坦荡地向世人告白:拒收一分一厘利,未求一丝一毫名。任人猜疑妄测,甚至讥讽谩骂,坚守圣洁纯净的操守,唯愿无愧于祖先文明。

余与包立本相交已久,因文物而认识,因文物而交往,因文物而知心,因此,包立本此书委托余作序,余一口应允。

阅毕全书,难平澎湃心潮,泪凝长思。不因身植"草根之族"而卑微,却傲胸怀报国宏志倍昂扬。华夏文明的底蕴基石,正是一代代有识善良的民众,日积月累,挥汗洒血,逐渐堆积夯实。"但知行好事,莫要问前途。"像包立本这样数十年坚持不懈的业余文物卫士,不光常州,全省乃至全国都期冀久盼。不仅仅因文化传承的渴求,更是时代精神的呼唤!

2020年1月1日于北京

万紫千红总是春

（序二）

薛国屏

2022年6月3日端午节，我收到常州故乡友人包立本先生寄来的《我与文物保护的那些事》书稿，邀我作序。记得2007年秋，我为他编著的《常州导游》作序，写道："皓月当空，夜深人静。在这万家灯火、万民欢庆中秋之夜时，我思绪万千，不禁想起唐代诗仙李白的《静夜思》绝句：'床前明月光，疑是地上霜。举头望明月，低头思故乡。'他道出了无数游子的思念之情。我依偎着皎洁的月光，梦游常州城。"这次，我再梦游一次常州城。

首先，我说一下序言的题目：万紫千红总是春，它让我想到北宋政治家、文学家、思想家王安石。他是抚州临川（今江西省抚州市）人，为宋神宗之宰相，曾经担任过常州知州。他有"春风又绿江南岸"之诗句，这与"万紫千红总是春"相互呼应。常州地处江南，人杰地灵，名人辈出。它地理环境优越，历史文化悠久，名胜古迹众多。我写的序言就从这三个方面说起。

第一，常州优越的地理环境。

常州，古名延陵。延陵者，常州有两条山陵相交于此。一条是自西向东的宁镇山脉，延伸到常州西部；一条是自东到西的天目山分支，经宜兴、苏州、无锡延伸到常州东部。两座山陵延伸到此，称之为"延陵"。

常州的建制主要有延陵邑、延陵县、毗陵郡、晋陵郡、常州、常

序　言

路、常州府、武进县、常州市、常州专区等。

延陵邑,周灵王二十五年(前547)季札受封时置,治今常州市(季札封此,故号"延陵季子"),止于秦始皇二十五年(前222)。

延陵县,始于秦始皇二十五年,止于汉高祖五年(前202)。《史记·秦始皇本纪》载:"二十五年……置会稽郡……分天下以为三十六郡。"《舆地纪胜》载:"秦并天下,置会稽郡,延陵等四县俱属焉。"这里简单说一下,秦置延陵县,是我在常州开会时说的。会上,丹阳市有关方面提出延陵县在丹阳境内。事实是丹阳的延陵县是西晋所置,两者相差几百年。丹阳的延陵县治所在延陵镇。常州的延陵县治所在常州市。(注:据唐《元和郡县志》,晋武帝在丹阳县东五十里置武进县,县治在今常州市西北万绥镇,宋太祖曾封万岁镇。南朝梁武帝的故居在此。所以常州古代又别称"龙城"。)

常州土地广阔,物产丰富,为"鱼米之乡"。这片丰饶的土地有着得天独厚的地理环境,繁育着数以百万的民众,被誉为"三吴重镇,中吴要辅"(三吴者,东吴苏州、中吴常州、西吴湖州)。

第二,常州悠久的历史文化。

常州是国家历史文化名城。这里有一个真实故事:"延陵世泽,让国家风",说的是2500多年前,常州人文始祖季札(季子)三次"让国"。吴王寿梦有四个儿子:长兄诸樊,老二余祭,老三余昧,老四季札。寿梦临终时把四个儿子叫到床前,对他们说,他欲立季札为"世子",继承王位。季札坚持不肯,说,王位应由嫡长子来继承,这是周朝的礼仪规定的。寿梦说,今后兄终弟及,兄弟之间传位直至季札。后来,诸樊在讨伐楚国时战死。老二余祭继位后,在一次出征时,被越国人刺死。老三余昧,继位只有三年。他临死前要把王位传给季札。季札不从,归隐延陵。后人赞曰:"春秋争弑,不顾骨肉。孰如季子,始终让国。"

到了宋代,苏轼(东坡)踏上常州的土地,他被这里热情好客的气氛迷住了,先后十四次来常,两次上表朝廷,乞居常州。他晚年北归时在书信中写道:"今且速归毗陵(今常州),聊自憩,此我里。"这位大文豪最终终老于常州。

第三,常州众多的名胜古迹。

这里有天然的风景名胜,如茅山、天目湖景区等;有不少古代遗址,如淹城遗址、寺墩遗址、圩墩遗址等;有不少遗存的古建筑,如天宁寺、清凉寺等;有不少名人遗迹,如青果巷、藤花旧馆等;还有不少革命纪念地,如"常州三杰"瞿秋白、张太雷、恽代英的故居(纪念馆)。

茅山景区位于常州市金坛区和镇江市句容市交界处,为我国道教圣地之一。汉代,陕西咸阳茅氏三兄弟来到茅山采药炼丹,济世救民,成为道教祖师。南朝齐梁隐士陶弘景集儒、佛、道三家,创立了茅山道教茅山派。唐宋以来,茅山被列为"第一福地,第八洞天"。

天目湖景区位于溧阳市南。景区内山水一体,碧波荡漾,风景美丽,湖内布满大小岛屿,上有水榭亭台楼阁,皆成画景,兼有太湖烟波浩渺之势、西湖淡妆浓抹之美、千岛湖环拱珠连之局。世人誉之为"绿色仙境"。

淹城位于湖塘镇。《越绝书》称:"古淹君地也。"城有土墙三重,分为子城、内城、外城。城外有护城河三道,只有一个出口通道。外城是不规则椭圆形,周约2500米;内城略似方形,周约1500米;子城称紫罗城,又叫王城,周约500米。像这样的建筑形制在中国乃至世界上也是绝无仅有的,有2700余年历史。

天宁寺位于延陵东路。始建于唐贞观、永徽年间,初名广福寺。北宋政和年间改名天宁寺。该寺屡毁屡建,现存主要建筑有天王殿、大雄宝殿、金刚殿、普贤殿、文殊殿、观音殿、罗汉殿等,占地130余亩。

清凉寺位于清凉路。始建于北宋治平元年(1064),初名报恩感慈禅院,毁于元末。明永乐元年(1403)移建今址,称清凉寺。清光绪至民国间,先后重建大雄宝殿、天王殿、藏经楼、法堂、禅堂等300余间,占地30余亩。主体建筑位于中轴线上,其中藏经楼为三层木构架硬山顶,用料讲究,雄伟高大。

序　言

　　青果巷位于市区古运河畔，巷内隐藏着众多的名人故居。如唐荆川故居、汤贻汾故居、盛宣怀故居、赵元任故居、李伯元故居、周有光故居，等等，被誉为"江南名士第一巷"。

　　藤花旧馆位于延陵西路前北岸，为苏轼终老地遗址。北宋徽宗建中靖国元年（1101）六月中旬，苏轼自海南儋州遇赦北上，寓居于顾塘溪北岸的孙氏馆，七月二十八日在此病故。存楠木大厅三间和两侧厢房各两间等。

　　瞿秋白的出生地在青果巷八桂堂，后迁居至延陵西路瞿氏宗祠。

　　张太雷故居位于清凉路子和里3号、4号。

　　恽代英纪念馆位于晋陵中路500号。

　　瞿秋白、张太雷、恽代英为"常州三杰"，均为无产阶级革命家、中国共产党早期领导人，为中国革命壮烈牺牲。人民至今还在怀念他们。

　　常州历史悠久，达3200年；名人名士辈出，仅进士就有1900余人。文物是悠久历史的见证，保护文物意义深远。常州文脉的传承、历史遗存的保护，就要靠立本先生等一些有识之士的不懈努力。在此，我是关公门前舞大刀，涂鸦充数，聊作鼓与呼。

　　最后，预祝立本先生的大作《我与保护文物的那些事》早日出版！并祝故乡永远像春天那样万紫千红，开创文保工作新天地！

2022年6月5日于上海

前　言

我为什么热衷保护常州文物？

其一，我出身于书香门第，太婆的亲弟弟是中国科学院第一批学部委员（院士）孟宪民，因此自幼就受到良好的家庭熏陶，对常州有一种刻骨铭心的热爱，乐于做有益于社会公益的事情，特别是时刻关注常州的历史文化遗存。

其二，我与文博前辈贺忠贤先生的女儿是同学，小时候常去安阳里贺宅玩。贺忠贤先生曾经先后在常州博物馆、常州市文管办工作，他爱护文物，热心文保，对破坏文物的现象深恶痛绝，勇于制止拆除文物的行为，敢于和破坏文物的势力作斗争，我耳熏目染，为其精神所感动，对文物保护有了认识。

其三，我与市文管办主任朱达明先生是邻居，他对文保工作有策略、有思路、有热情。他曾经住在费家弄，与我家乌龙庵72号（侧门费家弄39号）孟宅近在咫尺，当年我常去请教历史文化方面的问题，受其影响，我开始热爱文物事业。

其四，30年前，我通过朱达明先生结识了在京的常州籍文史专家钱听涛先生。之后，经钱老介绍，又结交了谢辰生、柴晓明、曲长缨等一批文保专家、志士，共同守望精神家园，呵护历史文化遗存。

保护文物的方式主要有：

斡旋游走各界，积极与各界人士交友。与政界领导交友，从行政上保护文物；与新闻记者交友，对破坏文物的行为进行曝光，制止拆迁；与社会名流交友，共同呼吁推土机下留住文物；与拆迁民工交友，快速得到文物拆迁信息。做到利用各种关系，全方位、多层次地保护、

我与文物保护的那些事

抢救文物。

出版文物图书,宣传保护文物的重要性。历年来,本人相继编写出版了《常州名人故居》《常州文物古迹》《常州文物古迹·续编》《常州历史建筑》《常州青果古巷》《常州宗教遗存》等系列图书,弘扬常州人文历史,宣传龙城文物知识,让领导们了解常州的文物,让市民们热爱常州的文物。知之深,方能爱之切。

通过建言献策,建议留住历史文化遗存。2017年之前,我通过好友刘醒铭、卢联珍、钱月航、胡沁瑜等常州市政协委员代为提交有关文物保护的政协提案,从而保护了临清会馆、大成一厂旧址、大成二厂旧址、大成三厂旧址、恒源畅厂旧址等一批近代工商业遗存;2017年我当选为常州市政协委员后,每年提交1—2项有关文物保护的政协提案和社情民意,并在政协"有事好商量"协商议事会上,阐述文物保护的重要性,推动近园、崔桥吴氏宗祠、姜椿芳故居、焦溪老街、西林老街、牛塘老街等一批历史文化遗存得到了保护或修缮。

流水易逝、光阴似箭,自20世纪90年代初正式加入文物保护队伍,转眼间近30年过去了。回想起当年在文物保护工作战线上的艰难经历,回想起与文物保护志愿者并肩作战历经的风风雨雨,不禁感慨万分。

作为文物保护工作的亲历者、呼吁者、志愿者,我愿借本书出版机会将这些历史公之于众……

目　录

对文物保护事业的痴心始终未改(序一) …………… 钱听涛 1
万紫千红总是春(序二) …………………………… 薛国屏 6
前　言 ……………………………………………………… 1

第一部分　文物保护纪实

黄仲则故居 ………………………………………………… 3
中华曙猿化石地点 ………………………………………… 8
唐荆川宅 …………………………………………………… 11
东下塘 ……………………………………………………… 16
近　园 ……………………………………………………… 20
西瀛门城墙 ………………………………………………… 29
临清会馆等近代工商业遗存 ……………………………… 33
横林赵氏宗祠 ……………………………………………… 36
恽代英住地 ………………………………………………… 40
大陆饭店旧址 ……………………………………………… 44
冯仲云故居 ………………………………………………… 50
苏东坡终老地遗址藤花旧馆 ……………………………… 56
杜　宅 ……………………………………………………… 65
孙家庵 ……………………………………………………… 68
蓉湖西柳荡刘氏宗祠 ……………………………………… 71
余阙庙(卞庄庵) …………………………………………… 75
钱一本墓 …………………………………………………… 79

崔桥吴氏宗祠 …………………………………………… 82
崇真女校旧址 …………………………………………… 85
周有光宅 ………………………………………………… 88
夏家大院 ………………………………………………… 92
盛宣怀故居盛氏拙园义庄 ……………………………… 96
西林老街 ………………………………………………… 101
牛塘老街 ………………………………………………… 106
老碑刻、老构件 ………………………………………… 115

第二部分　文物保护建言

政协提案篇

关于完善焦溪街上私人古建筑保护利用措施的建议 …… 121
关于将吴季子祠(吴氏宗祠)列入文物点保护的建议 …… 124
关于保护西横林人文历史的建议 ……………………… 127
关于在青果巷设立常州碑刻博物馆的建议 …………… 129
关于将公交常州宾馆站改名为近园站等的建议 ……… 131
关于在常州府医学与先医庙设立常州中医博物馆的建议 …… 133
关于将常州地区第一个党支部——
　中共横山桥支部(包合兴店、仇氏宗祠)旧址列入
　常州市文物保护单位加以保护的建议 ……………… 135
关于将地铁站名"同济桥站"改为"青果巷站"的建议 …… 138
关于设立常州碑刻博物馆的建议 ……………………… 140
关于复建常州人文始祖季子祠的建议 ………………… 142
关于将秀旺沈氏宗祠"八咏堂"公布为
　市文保单位或一般不可移动文物的建议 …………… 145
关于牛塘老街历史文化遗存保护的建议 ……………… 148

社情民意篇

建议筹建常州地区两院院士事迹陈列馆 ……………… 151

目　录

关于常州创建国家历史文化名城的三点建议 …………… 154
关于恢复"乌龙庵"老地名的建议 …………………………… 159
关于再次恢复"乌龙庵"老地名的建议 ……………………… 161
青果巷历史文化街区的保护和开发建议 …………………… 163
将近园从常州宾馆分离出来并整修开放的建议 ………… 167
关于焦溪古村保护和开发的建议 …………………………… 170
关于樟村陆氏宗祠周边规划设计的一些情况和意见要求 …… 176
切实保护好工商业旧址的建议 ……………………………… 178
建议复建乱针绣创始人杨守玉的故居 ……………………… 182

附　记
我提交的政协提案和社情民意办理情况 ………………… 184

第三部分　文物保护艰辛

移建文物篇

太平兴国寺石经幢 …………………………………………… 191
唐氏宗祠 ……………………………………………………… 192
庄氏济美堂 …………………………………………………… 193
庄氏塾馆及星聚堂明式轿厅 ………………………………… 194
吴氏中丞第(屠寄故居) ……………………………………… 195
邹浩祠 ………………………………………………………… 196
浩然亭、落星亭 ……………………………………………… 197
恽氏庭院 ……………………………………………………… 199
志王府 ………………………………………………………… 201
民元里民宅 …………………………………………………… 203
百丈楠木厅 …………………………………………………… 204
永安桥 ………………………………………………………… 205
红　庙 ………………………………………………………… 206
上陈恽氏宗祠 ………………………………………………… 207

3

饮马桥	208
周线巷4号民宅	209
张氏宗祠	210
正素巷黄宅	211
灵官庙弄郭宅	212
双庙桥	213
蛮塘庙	214
观音堂桥	215
妙音庵	216

消失文物篇

胡瀫故居	217
李德泉民居	219
松筠小筑（碑廊）	221
李公祠	223
恽家墩汉墓	226
八卦井（八角井）	229
武进县城隍庙	230
先贤卜子祠	233
费氏庭院	235
玉佩弄民宅	237
"天友来"店旧址	239

第四部分　文物保护乡贤

| 追忆文物界泰斗谢辰生先生 | 243 |
| 追忆文史大家钱听涛先生 | 248 |

| 后　记 | 253 |
| 补　记 | 255 |

第一部分　文物保护纪实

第一部分　文物保护纪实

黄仲则故居

改革开放以来,常州在城市建设过程中,曾经有过两次大的拆迁浪潮,许多文物面临被毁的境地。20世纪90年代初中期就是其中的一次。

1993年,中房常州总公司开发小河沿地块(地块西起小河沿,东至城中路,北接局前街,南抵马山埠),想要拆清代布衣诗人黄仲则的故居。其做法是把故居拆光推平,然后在绿化带内造三间平房(仿古建筑),算是"两当轩"。其"理论根据"是1964年4月17日常州市人民委员会公布第一批常州市文物保护单位时,只公布"两当轩"为市级文物保护单位,因此,只保"两当轩",而且只是在绿化带内造三间仿古建筑。这实际上就是变相拆毁了黄仲则故居。

这个方案出台后,遭到了时任常州市文管办主任朱达明等文物主管部门领导和工作者的一致反对。大家认为:即使咬文嚼字只承认"两当轩"三间厢房是文物保护单位,不承认黄仲则故居本体是文物保护单位,黄仲则故居也还是不应拆的。因为《中华人民共和国文物保护法》不是只

黄仲则故居鸟瞰旧影

我与文物保护的那些事

保护文物保护单位的法,有历史价值的古建筑都应该保护。黄仲则故居虽然只公布了它的西厢房"两当轩"为文物保护单位,但其大厅、花厅、后屋、东厢房等主体建筑也是有历史价值的古建筑,所以拆除黄仲则故居是违法行为。

然而中房常州总公司在某些人的支持下,在1994年10月至1995年11月的一年时间内,先后4次擅拆黄仲则故居。

第一次是在1994年10月,拆了马山埠50号黄仲则故居东边一间的门屋;第二次是1995年5月,拆了神仙观弄27号之3、之4黄仲则故居后进3间房子;第三次是1995年8月中旬,拆了神仙观弄3号黄仲则故居的内祠屋3间和7号与黄仲则故居最著名的西边厢房"两当轩"相对应的东边厢房;第四次是1995年11月7日,再次擅拆黄仲则故居门屋,剪了电线、拆了水表、卸了大门。中房常州总公司先后4次拆了黄仲则故居8间房子!

形势严峻,朱主任与我商量,希望我能参与保护黄仲则故居。我义不容辞地答应了。

当时,市文管办正在筹备成立常州市文物保护协会(即后来成立的常州市文博鉴赏学会),让我负责具体筹建工作,担任法定代表人,希望协会成立后,能借助民间的力量,共同参与文物保护。

我们做了几方面的工作:

一是朱主任让我写人民来信,以市民的名义向市领导呈述,他去争取市领导支持,出面协调解决黄仲则故居的保护问题。

二是借助报纸的力量。我把人民来信寄到了《解放日报》《扬子晚报》等报刊。《解放日报》于1995年9月14日,《扬子晚报》分别于1995年10月4日、11月12日、11月23日连续刊发关于黄仲则故居被破坏的系列报道,一石激起千层浪,在全国引起了很大反响。

三是借助电视台的力量。我联系到了同住勤业五村的邻居、常州有线电视台主任记者吴昕,他热情支持文物工作。中房常州总公司最后一次拆黄仲则故居时,民工都爬到屋顶上了,一字儿摆开,只待动

第一部分 文物保护纪实

手。因为我们有了准备，吴昕带领的摄像师一早就登上了医药公司那一排民房的楼顶，架好了摄像机，只待民工动手拆房就开拍，所以，民工们见情景不妙，作鸟兽散，中房公司的人气得干瞪眼，但也没有办法。

四是争取公安部门的支持。常州市公安局二处有一条职能：负责文物部门、博物馆的安全保卫工作。所以，就请汤根大处长他们出场。他们派相关的警官来到现场。同时来到现场的还有辖地局前街派出所所长。民工不怕市长，但服民警的管。

五是由我出面发动一些社会名流呼吁保护黄仲则故居。我通过关系找到了常州人的女婿、著名作家、《书剑飘零》作者宋词先生。他奋笔疾书，写下《名城留得诗魂在》一文，发表在《扬子晚报》上，让相关部门领导看到民意不可违。

六是我们共同起草了

黄仲则故居旧影

常文物(95)字第 16 号文件

我与文物保护的那些事

常州市文物管理委员会常文物(95)字第16号文件《关于中房常州总公司一再擅拆黄仲则故居和诬告我办侵害其名誉的情况报告》,向市政府呈报。

在各方面的共同努力下,1996年1月6日,在常州市政府平房会议室,召开了由市委副书记曹锦成、市政府分管文化工作的副市长陈三林、分管城建工作的副市长和市计委、建委、财政局、规划局、文化局一把手领导以及市文管办、中房常州总公司负责人参加的市长办公会议,明确"黄仲则故居就地修复的方案不能改变,按就地修复的方案实施","不能再破坏"。一锤定音,由曹锦成副书记代表市委、市政府做出了最后决定,从而保下了黄仲则故居。

附 录:

名城留得诗魂在

宋 词

感谢《扬子晚报》,为清代诗人黄仲则故居免遭拆毁在头版连发两篇呼吁,使故居得到保护。这是舆论的胜利,文物保护法的胜利。试问:成都如果拆毁杜甫草堂还能称为文化名城吗?采石矶如果没有太白楼将使江山失色,滁州如果把醉翁亭改建为现代别墅岂不大煞风景。

常州古为文化名城,应该留住诗魂!在众多清代诗人中,黄仲则无疑是最凄苦、最薄命,也是最杰出、最伟大的天才!

有人说过,从唐代诗人中只推选两位,当然是李白和杜甫;从清代诗人中只推选两位,应当是黄仲则和龚自珍。虽然可能对黄有所偏爱,但黄诗的影响之大,流传之广,确是超过清代其他诗人的。他那才华横溢的放歌,抑塞不平之气的喷发,和血蘸泪的哀吟,留下不少名篇绝唱、绮词佳句。如"十有九人堪白眼,百无一用是书生","马因识路真疲路,蝉到吞声尚有声","悄立市桥人不识,一星如月看多时",

第一部分　文物保护纪实

"为语绕枝乌鹊道,天寒休傍最高枝","全家都在风声里,九月衣裳未剪裁"。这些脍炙人口、流传不衰的诗句,今天读来还让我们的心灵震撼,产生强烈的共鸣,不禁潸然泪下。同是常州人的瞿秋白极爱黄诗,在狱中留下的绝笔诗中,还把黄仲则的"枉抛心力作诗人"一句借用,改为"枉抛心力作英雄",一抒胸臆。

黄仲则生于乾隆十四年,自幼孤苦,四岁丧父,与寡母相依为命。他聪慧过人,九岁能诗,十六岁应童子试,在三千考生中名列第一,被誉为江南才子。他在科举道路上屡受挫折,为了养家糊口,从二十岁起便开始东奔西走,依人作嫁,以笔墨谋生。这位"信是饥凤非寒虫"的诗人,才雄气盛,总是一鸣惊人,他在太白楼上即席赋诗,使八府士子争相传抄,一日纸贵。他的诗名越大,遭受的迫害、压制、排挤、诽谤越重越多。统治者、道学家、依附权势的奴才们,容不得他的愤世嫉俗、直言时弊,容不得他的才气傲骨、不甘俯就的疏狂。他只能怀才不遇、穷愁潦倒,在疾病缠身、忧患重重中客死异乡,结束了年轻的生命,年仅三十五岁。短短的一生,却为中国诗坛留下一部不朽的《两当轩》!

曹雪芹逝世时,黄仲则十四岁。他们都生活在"乾隆盛世",同样生前落拓,身后凄凉,薄命而短命。他们却同样看穿当时"盛世"繁荣的表层,揭露了封建制度的腐朽、黑暗、残暴、冷酷,预示出它的日暮途穷走向灭亡,而谱写一曲挽歌。作家和诗人都是在死后才得享盛名的。

愿故居永存,愿诗魂永在,愿常州这一名城永远有一缕诗韵萦绕!

(原刊于1995年11月《扬子晚报》,后收录于宋词随笔集《散叶零花》)

我与文物保护的那些事

中华曙猿化石地点

中华曙猿化石地点位于溧阳上黄镇水母山。中华曙猿生活于距今4500万年的始新世中期,是一类体形很小的灵长类,也是已知的高级灵长类动物中最早的一种,比法尤姆

溧阳中华曙猿化石地点

市文博鉴赏学会赴上黄宣传保护古化石

本报讯 本月26日,市文博鉴赏学会10余人专程赴溧阳上黄镇水母山古化石群产地,向当地村民宣传保护古化石的重要性。

水母山高级灵长类动物化石群,距今已4500多万年,尤其出土的"中华曙猿",证实了亚洲、中国也是人类起源地之一,被誉为"二十世纪与周口店北京猿人遗址齐名的重大发现",已申请国家级自然保护区,中央有关部门将推荐为世界自然遗产。学会同志在考察中发现,由于开山炸石,大量古化石遭毁灭性破坏,痛心万分,希望村民尽早停止采矿,保护好这一残存的世界级古化石遗址群。 （秦坚毅 邵玉健）

文体坛

1995年11月28日《常州日报》报道

第一部分　文物保护纪实

的高等灵长类早了将近 1000 万年。它是由我国著名的古人类学家林一璞、齐陶等人发现的,属类人猿亚目曙猿科的曙猿属。它的发现,改写了高等灵长类的起源地。中国科学院院士、北京周口店中国猿人的发掘者之一贾兰坡教授说:"上黄动物群,特别是高级灵长类祖先的发现,其意义可与北京人的发现媲美,这是我国 20 世纪古生物学上又一极为重要的发现。"

可就是这么一处珍稀的古遗址,却被当地村民破坏——炸山采石做水泥。1995 年冬,得知消息后,我再也坐不住了,借了一辆面包车,约了许多文保志愿者,在往水母山的路上颠簸了一个多小时,车子终于开上了山头。

寒冬腊月,西北风刮来,冷飕飕的,很少爬山的我们硬是从这一山头爬到另一山头,心里却感到热乎乎的。82 岁高龄

常州市文博鉴赏学会在中华曙猿化石地点进行文物保护工作

我与文物保护的那些事

的画家缪宏坚持不要人搀扶。每到一处,我们就向村民宣传国家文物保护法。为了使化石不致流失,年轻一点儿的同仁们则攀在峭壁上,仔细地把化石清理出来。

我还与溧阳文化馆馆长汪青青联系,希望她能出面制止破坏文物的行为。可这时她遇到了上面一股很大的压力,既不能公开出面保护文物,也不能与任何陌生人见面。但她出于对文物保护的责任感,还是暗中提供了许多珍贵的资料给我。

有了资料,我心里就踏实了。于是,我联系了好友常州有线电视台新闻部主任浦松元。他得知情况后,大力支持,派出楼益华、陆红军两位记者,于1995年11月26日陪我和邵玉健去溧阳上黄镇水母山拍摄。新闻播出后,在长三角地区引起了强烈反响。

江苏电视台知道此事后,联系了我,派出记者荆雷于12月17—18日赴溧阳上黄采访,拍摄了《利与义的权衡——溧阳上黄水母山"中华曙猿"遗址亟待保护》专题片,在《大写真》栏目播出。

之后的12月25日和27日,常州有线电视台、上海东方电视台等媒体纷纷找我陪同赴溧阳上黄采访、拍摄,一下子中华曙猿化石地点事件成为全国人民的焦点。

市文管办主任朱达明打电话给溧阳文化部门,说你们再不保护中华曙猿化石地点,后果会很严重的,到时候会收不了场。

在民意不可欺、民心不可违的情况下,当地政府终于决定对该化石地点进行保护,并且开始划红线、做隔离带。我们先后六上水母山,中华曙猿化石地点终于保护下来了。

2013年3月5日,中华曙猿化石地点被国务院公布为第七批全国重点文物保护单位,成为溧阳乃至常州的一张靓丽名片。此时此刻,我们不能忘记当年一同参与保护工作的缪宏、曲显岐、朱达明等老专家、老领导。虽然他们已经不在世了,但我们永记他们的功劳。

第一部分　文物保护纪实

唐 荆 川 宅

1994年左右,常州兴起城市改造风,位于青果巷中段的唐荆川宅易书堂等受到风波冲击,因为建造常州茶叶公司大楼,唐荆川宅易书堂被野蛮拆除,望着残垣断壁、碎砖破瓦,让人欲哭无泪。

当时,我想:易书堂不是唐荆川宅的一部分吗?唐荆川宅不是文物保护单位吗?怎么说拆就拆了?带着疑问,我翻阅了大量史料。

据《唐氏家谱·八宅记》

唐荆川宅易书堂旧影

载:"自曾可公(唐荆川祖父唐贵)至太常凝庵(荆川之子鹤徵)以数世堂购而有筠星、易书、贞和、八桂、四并、复始诸宅……"八桂、贞和、易书相鳞比,在今雪洞巷西、西庙沟东。贞和堂先后由唐顺之、子鹤徵、玄孙宇昭居住,八桂堂亦宇昭宅。筠星堂、四并堂由宇昭弟宇量、宇全分住。易书堂为唐荆川诞生处。

唐顺之(1507—1560),字应德、义修,人称荆川先生,常州府城人,明代著名散文家、书法家,抗倭英雄。嘉靖八年(1529)礼部会试第一、殿试传胪,例授兵部主事。嘉靖十二年(1533)任翰林院编修,参校累朝《实录》,因不肯依附当朝首辅张璁被罢职。嘉靖二十一年(1542)被复职任

11

我与文物保护的那些事

谏官,但因上疏"请朝太子",不久再次被罢职。回乡卜居阳羡(今宜兴)山中,往来于阳羡与常州南郊陈渡草堂间隐居。习文练武 10 多年,凡天文、

唐荆川宅礼和堂旧影

地理、乐律、兵法等无不涉猎,著《左》《右》《文》《武》《儒》《稗》六编传世。擅长写散文,初尚秦汉,后崇唐宋,与晋江王慎中一起成为明中期文学"唐宋派"创始人,人称"王唐"。时东南沿海倭寇猖獗,唐顺之在朝廷上下多次推荐后,于嘉靖三十七年(1558)复出。以兵部郎中视事南畿、浙江,亲率师渡海作调查研究,提出"御倭于海外"的战略方针。嘉靖三十八年(1559)四月,在长江口取得三片沙大捷,升任右佥都御史、右通政。随之率部援江北,配合凤阳巡抚李遂抗倭,取得姚家荡等大捷,将江北倭寇荡平。李遂调离后,由他代凤阳巡抚,兼提督军务。嘉靖三十九年(1560)春,他抱病赈灾抗倭,从镇江搭船去南通。四月初一,船至泰州姜堰时病逝,年仅 54 岁。遗有《荆川集》《广右战功录》等众多著作。其《信陵君救赵论》一文被收入《古文观止》。

  清初,唐宇昭、唐宇量兄弟因对抗清剃发令,藏匿家中地下室被查出,贞和、八桂、筠星、四并等堂均没收充公。易书堂早年被分给荆川弟正之,后其曾孙君知卖给汪家老妇,直到 1937 年仍由汪氏后人分住。八桂堂于清代毁后由瞿秋白叔祖、湖北布政使瞿赓甫建造,民

第一部分　文物保护纪实

唐荆川宅贞和堂旧影

国年间由刘国钧购得。筠星堂于清宣统时户主姓汤，1937年已为汪氏所有。贞和堂原名保合堂，明崇祯六年（1633）唐宇昭改名贞和堂，沿用至今。贞和堂清中期易主，前六进屋卖给庄氏，后多次易主，南面的前半部分住宅，1937年时产权已归张志让。其后半部分住宅（含半园）为清乾隆十年（1745）状元钱维城及兄弟钱维乔购得，1937年时仍为钱氏后人分住。

贞和堂原有门厅、轿厅、二门及后进内宅楼。后半部分荒废后已于20世纪80年代建起雪洞巷住宅小区。今门厅已拆除，轿厅已翻建。内宅楼于清代重建。仅存明代楠木厅保存原貌。面阔三间13.4米，进深七檩9.5米，檐柱高4.5米，采用抬梁式木结构，五架柁梁为大型月梁，正间大梁有彩绘，木结构全用楠木、紫檀，主柱可一人合抱。厅东侧廊墙嵌有明礼部尚书、书法家孙慎行撰写的《保合堂记》碑石，系万历四十五年（1617）为其母舅鹤徵庆八十大寿所作。

从文献资料来看，唐荆川宅包括八桂堂、易书堂、筠星堂、松健堂、礼和堂、四并堂、复始堂、贞和堂八堂。现尚存青果巷92—94号筠星堂、青果巷86号贞和堂、青果巷82—84号八桂堂、青果巷8弄3号及12弄8号松健堂和青果巷141弄（号）、263号礼和堂五堂六宅（礼和堂分东、西两宅）。

同时，我查找了1982年3月江苏省人民政府公布的江苏省第三

我与文物保护的那些事

批文物保护单位名录。其中,"唐荆川宅"位列(二)古建筑及历史纪念建筑物,编号为187,分类为12,名称为唐荆川宅,年代为明弘治—正德年间(1488—1521),所在地为常州市青果巷。

江苏省政府文件明明公布的文物保护单位是唐荆川宅,而不是唐荆川宅贞和堂,那么所有的唐荆川宅都应该属于文物保护单位,而不是仅贞和堂一处是文物保护单位。

我醍醐灌顶,豁然开朗,茅塞顿开。这真是一个重大的发现——原来,之前相关部门认为唐荆川宅只有贞和堂是文物保护单位的说法并不正确。

于是,我将自己的观点讲给了时任市文管办主任朱达明和干事贺忠贤、赵汤亚洲、邵玉健等听,他们也一致同意我的观点。唐荆川所有故居应该都属于文物保护单位,得到了相关专家的认可。因此青果巷中除唐荆川宅贞和堂、八桂堂外的其他保存完好的几处宅第拆迁被文管办紧急叫停。唐荆川故居五堂六宅有惊无险地被保护下来了。

2003—2006年,我和陆志刚等编写《常州名人故居》一书时,将我的观点写到了书中。没想到,居然再次引起轩然大波。

其时,常州又一波城市改造风刮起。根据规划,青果巷沿河滩古建筑要全部拆光,搞成绿化,美其名曰:柳岸朝晖。与2002—2004年西瀛里改造一样,沿河滩民居全部拆除,这样的话,唐荆川宅礼和堂等都要拆掉。

常州少数人历来有个陋习:要拆除某一处文物时,会把该处文物本体保护范围确认得很小很小。比如,当年开发商要拆除黄仲则故居开发房地产,就借口市人民委员会公布的文物保护单位是两当轩(黄仲则故居的书房),黄仲则故居其他建筑不是文物保护单位,要把黄仲则故居所有宅邸拆掉,只留3间书房。再比如,当年某单位要拆除李伯元故居建造停车场,某单位就是不承认李伯元故居4路(组)建筑,也不理会文物部门紧急叫停的通知,硬拆掉了部分本体建筑……

《常州名人故居》问世后,因为书中阐述了所有唐荆川宅第都是

第一部分 文物保护纪实

文物保护单位的观点,导致谗言四起,某些人说我破坏城市建设,阻碍城市发展,歪曲文保政策,甚至把我的书送到了市领导处。因此好几位市领导把我叫到了市政府会议室询问相关情况。

当时分管文物工作的副市长居丽琴问我:苏东坡终老地遗址前北岸 73 号和唐荆川故居五堂六宅属于省级文物保护单位的依据是什么?你写这本书的目的是什么?

我讲述了自己的观点:1. 有文件资料为证;2. 保护文物是每个常州人的义务和职责,我不过是实事求是记录罢了。并表示如有差错,愿负一切责任。居副市长叫我把所有资料给她,她表示领导们要商量一下,同时还要找专家们研究一下,再作处理。

一个月后,居副市长的秘书来电话说,经过慎重研究,领导们认为这些历史遗存不管是不是文物保护单位都应该保护。因此,牵涉到文物方面的改造方案叫停,重新讨论。同时,报批给常州市文博鉴赏学会出版经费 3 万元,鼓励学术专著出版。

唐荆川故居五堂六宅终于再次被完整保护下来了,如今"江苏省文物保护单位　唐荆川宅(××堂)"的标志碑镶在了唐荆川故居五堂六宅墙上。2019 年 10 月 7 日,常州唐氏民宅(唐荆川宅)被国务院公布为第八批全国重点文物保护单位。

我与文物保护的那些事

东 下 塘

2001年2月19日,常州被江苏省人民政府公布为第二批江苏省历史文化名城。当时,省文物管理部门要求常州在《常州历史文化名城保护规划》方案原有基础上再补充增加一些内容。谁知,送到市规划局负责人处审阅时,他随手将厚厚一本《常州历史文化名城保护规划》往自己的抽屉里一锁,打入了冷宫,开启了某些人大拆古建筑、古文物的狂潮。

从2002年开始,兴起又一轮城市大改造运动,南大街、西瀛里、荷花池、鹤园弄、青山桥等老城区都在改造、拆迁范围之内。其间,东下塘地区也列入了改造计划中,准备拆除老巷建造荆溪人家房地产。

根据常州市人民政府1987年12月26日公布的第二批文物保护单位和第一批历史文化保护区文件,东下塘地区是历史文化街区

东下塘旧影

东下塘圈门旧影

第一部分 文物保护纪实

东下塘拆迁规划图

青果巷的本体保护范围,当时公布的保护范围为:东下塘、市河、青果巷、古村4条平行线。如今,既未有省文化厅的批复文件,也未有市专家的认证会议,某些人就要拆除东下塘,拆除东下塘内的市文物保护控制单位刘氏宗祠,简直是无法无天的行为。

东下塘位于南市河的南岸,与青果巷隔河相望,形成了江南水乡、枕河人家的风貌格局。一旦拆除,青果巷将成为高楼压抑下的残景,古风不再。

我出于对文化遗产保护的热情,经常去市文管办反映情况,及时提供信息。这次我去市文管办反映情况后,市文管办认为东下塘和刘氏宗祠保护的法律依据不足。我再三要求,于是市文管办连夜赶制了一块木质文物标志牌,上面文字为:

"常州市文物保护控制单位 刘宗祠 常州市文物管理委员会1987年12月公布"

我和瞿小佩、陈伟堂将标志牌钉到刘氏宗祠大门的墙上,并联系公安派出所出警。

我与文物保护的那些事

这时,拆迁民工已经把刘氏宗祠的雕花楼拆除,准备再拆第一、二进。见公安派出所人员到了现场,文物部门挂上了文物标志牌,又被我们告知:"民工兄弟,这是文物,破坏文物要坐牢的。"便纷纷落荒而逃。

东下塘刘氏宗祠门厅旧影

虽然刘氏宗祠保护下来了,可东下塘地区拆迁仍在继续中。市文管办表示无能为力。

这时,我想到了老朋友、老专家、老领导——中央党史研究室副编审钱听涛先生。我打电

东下塘刘氏宗祠雕花楼旧影

话给钱老,他关心家乡常州,心忧家乡文物,立刻向我推荐了他的好友——时年80高龄的常州籍著名文物专家、国家文物保护法的起草者、国家文物局顾问谢辰生先生,让我直接打电话给谢老。

当我打通电话、汇报情况后,谢老一锤定音:"文物不能拆,街区不能毁。"

几天后,一个细雨蒙蒙的上午,谢老和丹青先生来到了常州,我

第一部分 文物保护纪实

陪同他们去青果巷、东下塘实地踏勘,我和丹青搀扶着谢老,从东头走到西头,谢老发出最强音:"不能拆!"

为了保护常州的文物,我先后赴北京安贞里谢老家中20多次,聆听谢老对文物保护工作的指示。在之后的常州文物保护工作中,谢老积极参与、出谋划策、协调联络,对常州文物最终能保护下来,以及后来常州成功申报国家级历史文化名城起到关键的作用。

最后,经谢老与国家文物局领导和江苏省委领导联系,东下塘地区文物保护工作得到了国家文物局和江苏省委的支持。常州市人民政府遵照上级指令,叫停东下塘拆迁,东下塘幸存部分得以保护下来。已拆除的刘氏宗祠第三进雕花楼由市政府勒令开发商进行修复。

青果巷4条平行线终于得到了全面保护!

近　　园

　　常州近园又名静园、恽家花园,坐落在市中心长生巷,是常州地区目前保存最完好、历史最悠久的明清园林,小巧精致,穷尽画理,山峦花径,楚楚可人,是江南园林的上乘之作。

　　1996年底至1997年初,省、市规划、文物部门实地勘测,拟将近园尚存的北至十子街的17号、19号两处宅院,划为省级文保单位近园本体保护范围。2001年10月,新一轮城市规划开启,常州市规划、文管部门

十子街17号恽宅

近园

第一部分 文物保护纪实

正式将17号、19号两座恽氏宅院作为近园本体保护范围，列入《常州市历史文化名城保护规划》。

翌年，常州宾馆转制经营，为迎合少数人私利，不顾省文管、规划部门多次反对，再次"立项"，把包括省级文物保护单位近园（含17、19号院）在内的周围建设控制地带计26100平方米土地，统统划为商业用地，盖宾馆营业大楼。按照这个方案，常州宾馆不但要拆除所有保留下来的恽宅，而且要拆除近园园林围墙，对近园园林内的建筑也要按照其需要进行改动，成为宾馆的一个小花园。假如这个项目得以获批实施，常州园林明珠、历史文物近园，连同17号、19号院等恽家花园周围的古建筑，将遭彻底毁灭。

2002年7月22日，顾祖年以"谢民"之名，在《人民政协报》显著版面发表《常州近园遗址不能再拆了》的文章，呼吁保护近园及17号院，反对并制止拆迁，引起社会舆论和有关方面的重视。

得知情况后，我积极参与保护工作，到处奔波——

一是发动我周边的老专家们呼吁，并开了摩托车到处征集签名；

二是通过我熟悉的新闻媒体曝光；

三是提供部分经费，用于打印材料、邮寄费用等；

四是定期在十子街顾宅和勤业五村我家中召开碰头会议，商量

常州市建设局城市房屋拆迁公告

(2002)第25号

经市发展计划委员会常计(2002)第41号批文、市规划局常规地0-2002-11号建设用地规划许可证、市国土局批准建设用地通知书、市建设局常拆许字(2002)第25号房屋拆迁许可证批准，由常州宾馆实施常州宾馆改扩建工程，现就有关拆迁事项公告如下：

一、拆迁范围（以规划红线范围为准）：
常规地0-2002-11建设用地规划许可证红线范围

二、拆迁人（建设单位）：常州宾馆
法定代表人：郁金才

三、拆迁实施单位：常州市房屋拆迁有限公司
法定代表人：丁海秀
拆迁项目负责人：张才兴　工作证号：077
拆迁工作人员：徐叶文　工作证号：080
　　　　　　　蒋军华　工作证号：070

四、评估单位：常州物业房地产评估事务所有限公司
法定代表人：孔　群

五、补偿安置主要依据：国务院《城市房屋拆迁管理条例》、常政发[2001]187号关于颁发《常州市城市房屋拆迁管理暂行办法》的通知、常建[2001]157号《常州市城市房屋拆迁评估管理试行办法》、常价房[2001]327号《关于调整市区城市房屋拆迁补助费标准的通知》。

六、拆迁期限：自二OO二年七月十二日至
　　　　　　　二OO二年十月十二日止。

七、地段动迁组办公地点：项家花苑1幢2号车库
接待电话：13706121252（如有变动，现场告示）

特此公告！

常州市建设局
2002年7月9日

恽宅拆迁公告（原刊于2002年7月10日《常州日报》）

我与文物保护的那些事

保护措施。

面对常州宾馆肆无忌惮的拆迁和疯狂的举动，一时间，常州文物、文艺、教育、史学界等专家学者和知名人士义愤填膺。朱达明、夏星南、陈肃、吴之光、羊淇、羊汉、潘茂、张俊彦、贺忠贤等和我往来集合，与顾雪雍、顾祖年等一起讨论反对、制止常州宾馆拆迁的对策和办法。

著名新闻工作者顾雪雍毅然以八旬老迈之躯，以其个人名义，寻求法律保护。他先后向市、区两级法院提起诉讼，要求保护近园，保护恽家花

陈肃《恽怀永堂记》文稿

园十子街17号院，制止开发商常州宾馆的肆意拆迁。这场历时数年的诉讼，得到了谢辰生、罗哲文、郑孝燮、周干峙等国家文物专家以及省、市内外众多专家、学者的广泛支持，得到《现代快报》《扬子晚报》《南方周末》《江苏法制报》《外滩画报》《江南时报》乃至中央电视台《焦点访谈》栏目等国内众多重要媒体舆论的重视，并进行跟踪报道，成为当年常州文物保护史上的一个重要事件。在面临强拆的危难紧急关头，谢辰生先生放弃休息，多次打电话或写信，指导、关心、支持、鼓励大家。由于这个项目对常州文物具有破坏性、危害性，它一"出台"便受到公众舆论的广泛质疑和谴责，遭到了国家文物局和谢辰

第一部分 文物保护纪实

生、罗哲文、郑孝燮、周干峙及丹青、戚德耀、阮仪三等著名文物专家的反对、抵制。省文物部门没有批准常州宾馆的这一所谓"改扩建"项目。

2002年12月10日，被划为近园本体保护范围的十子街19号恽宅面临被拆，谢老闻讯后连忙打电话给常州市文管部门，要求他们出面保护，但是未果。被划为近园本体保护范围的十子街19号恽宅连夜被拆毁。谢辰生、罗哲文、郑孝燮、周干峙等以国家文物局专家组名义，联名写信给时任江苏省委书记李源潮，建议并要求江苏省政府责成常州市政府停止常州宾馆的拆迁行为，要求常州宾馆迁出近园，将近园开辟为市民游览参观场所。李源潮书记为此进行了4次批示。2003年3月，全国人大、政协两会召开，谢老又亲自起草《建议江苏省政府责成常州市政府制止拆除省级文物保护单位"近园"部分建筑物的提案》，由时任中国美术学院院长许江等40多位全国政协委员联名签署提交。

从2002年9月至2003年上半年，我与李文瑞、史绍熙、吴之光、朱达明、潘茂、贺忠贤、陈肃、顾雪雍、羊淇、羊汉、钱璱之、徐伯元、张俊彦、缪宏、杜家瑞、谢伯子、肖丕谟、汪柳萍、曲显岐、黄元裕等30余位文化、文物、美术、新闻、教育界专家、学者多次联名呼吁，要求将常州宾馆迁出近园，将近园划归园林部门管理建设。

2003年4月8日，在朱达明的牵头下，包括王日曦等书画界的专家和有识之士共20人，就像当年小岗村农民集体按手指印决定大包干，开农村改革之先，这些平均年龄已过70岁的专家学者老人们，为保护常州文物终于走到了一起，他们庄严地按下指印，郑重地签上自己的姓名，拿起法律武器进行公益诉讼——联名状告常州宾馆。诉讼要求法院判令常州宾馆：一、立即迁出近园；二、立即停止违法拆迁；三、追究拆除19号恽家宅院的责任。这一公益诉讼，从心理、道义、公义和舆论上积极配合、支持了顾雪雍当时为保护近园正进行的艰苦诉讼，也是常州历史上众多文物专家学者首开风气，第一次联合

我与文物保护的那些事

起来以保护文物为公益诉求,具有历史意义的诉讼事件。

2003年9月,国家文物局在经过三次实地调查后,正式行文答复全国人大教科文卫委员会,做出建议常州保留十子街17号院,停止拆迁,保护近园,修改常州宾馆改扩建项目、另行报批等决定。2005年12月28日,我和羊淇寄给国家文物局的人民来信,被转至江苏省文物局具体办理。2006年2月,在江苏省高院的关心下,国家文物局、省文物部门和常州市人民政府有关方面做出调解,终止常州宾馆拆除十子街17号院,终止常州宾馆改建近园园林的决定。历时近五年,常州人民为保护近园和17号院进行的旷日持久的努力和诉讼终于画上了句号,常州近园及17号院终于得到了保护。为保护近园,顾雪雍及其家人付出了巨大努力和牺牲,众多老领导、老专家、文物保护志愿者做出了重要贡献,我也参与了全程保护,见证了这段历史。

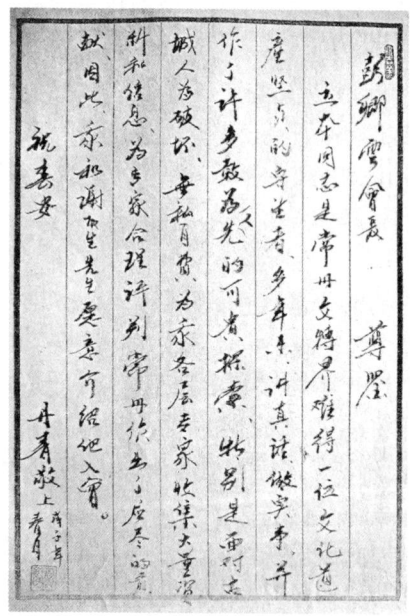

丹青致彭卿云信札

国家文物局办公室函件

第一部分　文物保护纪实

2013年3月5日,近园被国务院公布为第七批全国重点文物保护单位。

2018年10月,常州宾馆申请破产。2019年1月,我通过常州市政协向常州市交通运输局提出将公交站台名称"常州宾馆"改为"常州近园"、"保险大厦"改为"青果巷"的提案被采纳,从而进一步宣传了常州历史文化,扩大了近园等文物古迹的影响。

附录:

拆留纷争

《江苏法制报》记者　曹波　尤莉

建筑是一个城市的雕塑,各个时期不同风格的建筑反映和承载着不同时期的文化特点和历史风貌,传承着一个城市的文化,成为古城中一道独特的人文景观。正因为如此,不少地方都为保护老城古建筑颇费思量。但城市建设的加速发展,势必会与保护名胜古迹相冲突。近日,常州市"恽家花园"宅院的拆留纷争,更让人们对名城建筑给予了空前的关注。

恽家花园,又名近园,始建于明朝万历年间,至今已有300多年的历史,是全国五十大古典名园之一,也是江苏省文物保护单位。在清代,与常州青果巷的恽宅并称常州的"荣宁二府",具有重大的科学、历史、艺术和人文价值,受到许多古建筑专家的高度赞赏和重视,与苏州的拙政园、无锡的寄畅园齐名,名列常州四大古园林之首。中国古代的园林在建筑上都是宅园一体,"恽家花园"也不例外,在花园四周,共有300多间房屋,而23个小花园又坐落在这些房屋中间,形成"园中园"的独特建筑风格,而在所有的"宅"的建筑当中,又以现在十字街17号、19号、21号、23号等建筑最为宏伟,采用的是两层楼

我与文物保护的那些事

宫殿式结构。

恽家花园建成后,历经沧桑劫难,所有"宅"子,或因战乱,或因开发,都已灰飞烟灭,唯有17号院子成了整个"恽家花园"保留下来的最后一座宅院。然而,常州宾馆的商业开发又使这唯一留存的宅院面临着拆毁的境地。住在此处的82岁老人顾雪雍坐不住了,老人一纸诉状将批准开发的常州市规划局告上了法庭。顾老先生认为,17号院是"恽家花园"的本体建筑,且已被定为"省级文保单位的建设控制地带",根据《江苏省历史文化名城名镇保护条例》第26条规定,如要拆迁,也需征得省级文物主管部门的同意,而规划局的决定没有省里批文。规划局辩称,17号楼仅是"恽家花园"建筑控制地带的建筑物,不是文保单位,自己的决定符合法定程序。法院经审理,以常州市不是文化名城,不适用《江苏省历史文化名城名镇保护条例》为由驳回了原告的诉讼请求。顾老先生决定上诉。

顾老先生挺身力保17号宅院的行动,得到了社会上广泛的同情和支持。他们联名上书反映情况,要求有关部门改变决定,其中,有常州市人民政府原副市长宋鲁峰、常州市政协原副主席史绍熙、常州工学院原副书记羊淇、市文管会退休干部贺忠贤、中国作协会员陈肃、国画家谢伯子、市委党史办地方志办公室原主任黄元裕等一大批社会名流。《人民日报》《中国文物报》和《外滩画报》等媒体也对此予以了充分的报道。本报也以读者来信摘编的方式向省有关部门和领导反映,引起了省领导的重视。一时间,17号宅院的拆与留成了社会各界争议的热点。

主拆方认为,17号宅院不是文物,只是文物保护控制单位,不是文物保护法保护的对象。城市要建设,一些未被列为文物的建筑要为经济发展让路。主留方认为,文物保护控制单位虽不是文物保护法上的法律词语,但仍在法律上具有一定的地位,"《中华人民共和国文物保护法实施细则》中规定,文物保护法第七条第一款所列的文物中尚未公布为文物保护单位的,由县、自治县、市人民政府予以登记,并加以保护"。控制单位在法律地位上讲，应该更高于登记的文物点。控制就是加强保护的一种措施。因为人们对文物价值的认知需要一个过程。所以，在没有完全认识到文物价值之前，将其列为文物保护控制单位是等待以后的不断认识，然后提升为保护单位。对此类保护单位不可随意乱拆乱毁。

据了解，自1987年起有关单位就提出应将恽家宅院列为文保单位，1997年常州市文管办也曾将恽家宅院确定为恽家花园的本体，但有关单位一直没有批下来。2001年10月，常州市规划局、常州市规划设计院、常州市文管会办公室经过商讨达成共识，并制订了《常州市历史名城保护规划》，又一次提出应扩大恽家花园的保护范围，将恽家17号院列为恽家花园的本体，并按省级文保单位进行保护。恽家宅院是否属于文保单位的问题至今还在讨论之中，这个讨论已经持续了16个年头。

目前，像这种需要重新划定并扩大文保范围的单位在常州市有63个。其中，有2个国家级文保单位，13个省级文保单位，35个市级文保单位，13个控制单位（待批准的）。

记者在采访中看到17号宅院已面目全非，原先居住于此的居民大都搬走，唯有顾老先生一家还在留守此宅。满眼的"拆"字让记者为这曾经辉煌的宅院担心不已。

让记者不明白的是常州市规划局等单位既然参加制订《常州市历史名城保护规划》，并且也认为恽家宅院应属文物保护范围，为什么又将恽家宅院批给常州宾馆作为扩建用地呢？

记者在常州宾馆的扩建工程工地，只见工人们正在紧锣密鼓地施工着。看来，17号院的拒拆并没有影响到宾馆的施工。记者了解到，常州宾馆扩建工程的开工许可证至今还未拿到，常州宾馆的肖书记解释道，没有拿到开工许可证的原因是因为17号宅院不肯拆。

围绕17号宅院的拆与不拆引发的风波，实际上仅是常州市这几年类似情况的一个缩影。据了解，近几年常州市因为城市改造而拆毁

我与文物保护的那些事

的古城名居文保建筑就达数十起,有摄影家吴中行故居(民国)、中国乱针绣创始人杨守玉故居(刘海粟住地,清代)、明代文学家恽绍芳、恽厥初故居、明代古文家、民族英雄唐荆川出生地——易书堂(省级文保单位)、清朝乾隆年间宰相、主持四库全书撰修工作的刘纶故居、盛宣怀故居、洪亮吉故居、东坡祠、季子祠。去年拆掉的文保单位有浩然亭、落星亭、龙城书院、唐氏宗祠。去年拆掉的历史文化保护区有青果巷(只拆了东下塘地区,剩余的三条平行线未被拆)。去年被拆掉的10多处文保控制单位有邹浩祠(西瀛里,清代)、松筠小筑碑廊(清代)、八卦井(八角井,明代)、先贤卜子祠(局前街周家弄,清代)、恽氏庭院的九个大院(最具典型性的清代古建筑群,内有多处园、廊、亭、阁)、玉佩弄民宅(民国)、"天友来"店旧址(民国)、恺乐堂(民国),等等。

常州是一座有着3200年历史的历史名城。在这座城市中,曾经出过9位状元、40多位宰相、1900多位进士。在近现代史上,这里也曾出现了瞿秋白、张太雷等一大批仁人志士。因此,民间有了"到苏州看园林,到无锡看太湖,到常州看名人居"之说。然而,历年的城市建设让可看的"名人居"已越来越少了。

走在常州城里,随处可见热火朝天的施工工地。记者一方面为常州城市建设的发展拍手叫好,一方面也为古城建筑的命运担忧。城市需要发展,但古迹也应依法保存。因为古城无法克隆,文物不可再生。

(2003年5月22日《江苏法制报》)

第一部分　文物保护纪实

西瀛门城墙

凡是历史文化古城，一定保存有古城墙，古城墙是一个城市悠久历史的见证者。常州也幸存有一段古城墙，这就是位于西瀛里的明城墙。

元末明初，大将汤和受朱元璋派遣镇守常州。汤和于明洪武二年（1369）改筑常州城墙，现存的西瀛门城墙即为当年遗迹。汤和筑新城后，历史上常州重修城墙10多次，其中最著名的有两次：一次为明成化十八年（1482）知府孙仁重修，这次整修易以巨石，新壁增高三尺，史称"雄伟壮丽""雄踞一方"，常州成为"东南第一巨镇"；另一次为明正德七年（1512），为对付河北刘六、刘七农民起义，常州知府李嵩整修城墙，扩建走马道，宽丈余。

最后一次城墙的修复为清光绪十一年（1885），武进知县吴澜和阳湖知县温世京捐款500缗，又借拨修《武进阳湖县志》的余款3000缗修葺城墙。

西瀛里的明城墙能保存至今天，有两方面的原因——

作者与贺忠贤（中）、陈伟堂（左）考察西瀛门城墙

我与文物保护的那些事

一方面是由于民国时期,西瀛门一带商埠林立,是著名的金融商贸一条街,不少店铺建在城墙根下,于是商家便依墙开店,有的更是将城墙掏空建屋居住,这虽然对城墙有所破坏,但在客观上却保护了这段城墙。新中国成立后,一些机关、驻军及个人自行拆城,以砖修建房屋,城砖日益散失,城墙毁损倒塌。常州市人民政府于

西瀛门城墙旧影

1950年7月呈报苏南行政公署,行署请示华东军政委员会后于1951年6月批准拆除。1951年组织拆除东门至大南门城墙,1952年上半年拆除新西门至北门城墙1500米,城砖用于建房、修路、造下水道等,并组织失业工人以工代赈,搬运城土,用于填河、筑路,而这段隐藏在商家和民居中的220余米城墙,幸免拆除。

另一方面也是大家努力的结果。2002—2006年,又一波拆迁浪

第一部分　文物保护纪实

潮席卷龙城。首当其冲的便是所谓的南大街改造，南大街9万平方米古民居、西瀛里11万平方米古民居都在改造范围。相继拆除了中二区救火会、胡瀠故居、盛氏拙园义庄……甚至一度准备拆除市级文保单位西瀛门城墙，搬迁至东坡公园至通吴门一带古运河畔。

中二区救火会旧影

正好我连襟原单位的老同事、分管城建工作的某个市领导来我这儿喝茶。借此机会，我对他讲："听说有关部门准备把西瀛门城墙搬迁至东门一带，搬迁后的城墙，不但形制尺寸、体量规模和周边环境无法与原物相比，而且古城墙的雄伟气势，以及通衢商埠、防御功能都丧失殆尽。另外，历史上通吴门城墙和西瀛门城墙不是一个时期的产物，通吴门城墙始建于吴天祚元年(935)，筑罗城时建造。而西瀛门城墙建于明洪武二年(1369)，相差400余年。文物一旦搬迁，就成了赝品。你也是常州人，我们要为常州留下点历史遗存。"

该市领导听了我的话，陷入沉思之中，可能此话对他有所触动。一个月后，他告诉我一个好消息，西瀛门城墙不动迁了，要花近2亿元原地修复，并让主持修缮方案的常州市园林设计院工程师袁明仁

31

我与文物保护的那些事

修缮后的西瀛门城墙

与我联系,让我提供西瀛门城墙的历史资料和老照片,供设计参考。

我在随后的走访中发现,西瀛里地块改造,连同老运河南边西下塘也被拆。新中国成立初期,这一区域许多民房多用城砖砌成。民房拆除后,公开倒卖城砖的大有人在,以10元一块的价格兜售,砖上有铭文的则更贵,开价50元一块。于是我向市文管办和常州电视台《社会写真》栏目提供线索,文管办派出陈伟堂会同电视台记者到现场采访并做了报道,这股倒卖城砖之风终于被遏制住,并在常州掀起了为西瀛门城墙修复捐献城砖的热潮,孔协群等市民踊跃捐献,常州电视台和《常州日报》《常州晚报》《扬子晚报》《江南时报》《现代快报》等媒体做了多次报道。

如今,西瀛门城墙已在原址修复,成为广大市民休闲和参观的一个重要景点。

第一部分　文物保护纪实

临清会馆等近代工商业遗存

临清会馆鸟瞰旧影

　　临清会馆等近代工商业遗存能保护下来首先要归功于时任常州市政协秘书长刘醒铭的努力,其次要感谢常州市政协文史委全体委员的呼吁。

　　作为近代工商业发祥地之一的名城常州,曾经留下了许多近代工商业遗存,她是常州近代历史的见证、当年经济发展的缩影。2002—2006年的城市大改造,许多有价值的历史遗存被拆除,包括新毅毛纺厂旧址、成余面粉厂旧址、大成一厂民国老车间、"天友来"店旧址等近代工商业遗存也一一灰飞烟灭。

　　作为与常州木业发展有关的标志性古建筑——临清会馆,因为要建造青山湾住宅区,也赫然出现在拆除名单之上。

　　临清会馆位于青山路154号,始建于清光绪二十六年(1900)。这是一组中西合璧式建筑群,坐东朝西,主体建筑由西面临原青山路的

我与文物保护的那些事

主楼、北面的厢楼和东面的后楼组成,各楼相互连接,平面略呈凹字形,南边另有一些附属建筑,使中间形成一个较大的院落。各楼均二层,面阔五间,进深则深浅不一,占地面积1200平方米,建筑面积898平方米。主楼为回形转楼,前后三进,左右楼道相接,楼中上层回廊木制栏杆,气势端庄,东面临街砖雕大门和西面临街石库大门的门楣上镶嵌有砖雕楷书"临清木业公所"六字。楼房向内面的门窗构筑,均具西洋风格。

19世纪末至20世纪前期,常州以豆、木、钱、典为四大经济支柱,其中以木业最盛,各地商帮云集,贸易繁盛,故商务公馆、行业公所、牙行坐馆应运而生,一度成为常州的一大人文景观。

常州的运河之水源于长江,含有泥沙的江水灌入河道,使河水浑浊,流

临清会馆东大门旧影

临清会馆回字楼旧影

第一部分 文物保护纪实

经常州至无锡洛社时水才逐渐澄清。而据木业人士介绍,木材浸入清水,木质易黯黑,日久易生苔,而含沙浑水却有利于木材防护,可保持木材皮色黄亮,材质不变。因此,从明代中叶起,各地特别是江西木商纷纷向常州一带贩运木材。昔日,运河之中串连500余米长的排木筏队经常可见,木筏由东向西逆水而行的情景非常壮观。而连绵数里泊停于西门外米市河以西到新闸间一带河岸畔的木筏群,则构成了常州经济繁荣的独特风景线,使常州成为江南木材市场的集散中心。

"临清木业公所",亦称"临清会馆"。"临清"为江西省临江府和清江县的简称。临清会馆建成后,随着交易的兴隆,1921年曾在会馆对面建有新的公所,作为木商办公、膳食和家属休息的临时公馆。

沧海桑田,各帮木商在常州建立的会馆,最后仅有"临清木业公所"一处遗址,而这处近代工商业遗存却快保不住了。

得知拆迁方案后,我心急万分,分别去常州市文管办和常州市政协反映情况。时任常州市政协秘书长的刘醒铭相当重视,他一方面组织常州市政协文史委委员们现场踏勘,让我作讲解;另一方面让我参与执笔政协提案,要求相关部门在城市改造中,保护好近代工商业遗存。

当委员们来到临清会馆,现场可谓惨不忍睹,墙上写着大大的"拆"字,部分屋顶被掀,东边院门上"临清木业公所"六字砖雕不知去向,周围堆满了拆迁的建筑垃圾,两边大门被垃圾堵住,根本没办法进去。

见此情景,蒋英慧、钱月航等委员纷纷表态,近代民族工商业鼎盛时期存留下来的遗存,应该进行保护和利用,可以改建成民族工商业发展的博物馆。翌年,以常文史名义在《常州日报》刊发《保护工业"老古董"开始行动》一文。

2007年7月,一份长达19页的政协调研报告送到了时任中共常州市委书记范燕青和副书记邹宏国的面前,两位市领导进行了批示。最终,临清会馆、大成一厂旧址、大成二厂旧址、大成三厂旧址、恒源畅厂旧址等近代工商业遗存被保护下来,先后被公布为省、市级文物保护单位。

如今,临清会馆一楼设立了常州木业史陈列馆,正式对外开放。

我与文物保护的那些事

横林赵氏宗祠

2003年春季一天,市文管办干事赵汤亚洲,带了《西盖赵氏宗谱》续修负责人赵祖兴来办公室找我,说有事请我帮忙:一是他们准备重修横林西盖赵氏宗祠,知道我与天宁寺方丈松纯大和尚关系好,希望我能帮他们联系松纯大和尚,寻找生产罗砖等仿古建筑材料的厂家,同时陪同他们到收藏市场上购买点古旧建筑材料;二是横林西盖赵氏宗祠想申报文物保护单位或文物保护控制单位(即后来的一般不可移动文物)。由于赵汤亚洲在市文管办工作,为了避嫌,希望由我出面向市文管办领导汇报。

保护文物,义不容辞,我一口应允。

他们随后向我提供了横林西盖赵氏宗祠的详细材料——

西盖赵氏宗祠(永思堂)位于武进区横林镇赵家塘村。西盖赵氏为宋太祖赵匡胤长子赵德昭之后。元朝时,赵孟𡎺从高邮司户参军任

横林赵氏宗祠

第一部分　文物保护纪实

上迁至常州横林西盖村定居,至今已有700余年历史。数百年来,西盖赵氏一族科甲连绵,光进士就有20多位,如清康熙四十八年(1709)举进士一甲第一(即状元)的赵熊诏,乾隆二十六年(1761)中进士一甲第三(即探花)的赵翼。赵氏的名人还有民国初年财政部次长赵椿年、世界著名语言学家赵元任等。赵元任曾受到周恩来、邓小平等国家领导人的亲切接见。

西盖赵氏宗祠始建于元朝至正年间(1341—1370),原建在西盖村东首,即赵家村村东。祠堂狭小,场地有限。第十世孙赵士立(学道公派)因无后,其侄孙将家产捐赠,于明宣德五年(1430)选址于村西新建宗祠(即现存的宗祠),历经几次修缮扩建,遂为大宗祠。从此成了赵氏后裔世代祭祀先祖的场所——"永思堂"。

赵氏宗祠坐北朝南,南眺南阳山,北望清明山,乃极佳风水宝地。为古朴典雅砖木结构的明代建筑,青砖平瓦,厅堂高大宽敞,圆弧形屋檐高挑,四角飞檐,东西屋脊似龙头高昂。三开间三进,建筑面积228.5平方米,天井和广场360平方米,占地588平方米,蔚为壮观。

宗祠南面200余米处还有赵氏家族墓区,名曰"不花坟",内葬着自元、明、清、民国以来各个时期包括始迁祖赵孟堙的遗骸,占地约10亩。

新中国成立后,西盖赵氏宗祠内的匾额、神龛曾遭到严重毁损,但建筑基本保存了下来,尚属幸事。祠堂先后当过生产队仓库、集体企业用房,因年久失修,加上人为因素,已破旧不堪。借最近一次修谱之机,经族内有识之士倡导,合族努力,准备对宗祠进行重修。

说办就办,第二天中午我带了赵祖兴来到天宁寺,拜访松纯大和尚。松纯大和尚看到我十分高兴,正逢午饭时间,马上请我们到天宁素斋馆吃素面。

边吃边聊,我说明来意,松纯大和尚随即叫来天宁寺监院演翔法师,让他帮我们联系厂家。

在松纯大和尚、演翔法师的无私支持下,经我协调帮助,赵氏族

我与文物保护的那些事

人解决了修复宗祠需要古建筑材料的问题,因此赵氏宗祠修缮工程历经半年得以圆满告竣。

修复后的宗祠头进正中门,首先是亮栅门屏风,然后是两扇高大朱红色油漆实木门。两边是一对雕刻精致、狮子斗绣球画面的盘陀石。两旁的柱子上刻有"千秋俎豆,两宋云礽"对联一副。门框上方悬挂一块宽大的"赵氏宗祠"匾。东间是食堂,专供春秋两祀膳食之用。西间为库房,摆放杂物。后檐有朝北磨光方砖砌就的八字墙门,墙门上方有砖刻"石葛垂绵"四字,有祝愿子孙满堂、世经沧桑之意。前后门槛均用长条石砌就二级石阶。中间天井过道用青石条铺就。两边各栽种龙柏一株,枝茂叶繁,高大挺拔;花木树枝,鸟语花香。

二进为正厅。前门是落地雕花长格门,屋檐下是防水长廊。厅内

作者与蒋惊雷(左)出席横林赵氏宗祠重修落成庆典

所有陈设、木制品均刷朱红漆;地面用青方砖铺设,平整光洁。上配青蓝色白底线条望砖;还有花格屏风,显得格外庄重。正厅上方悬挂着明宣德五年(1430)衍圣公孔彦缙题写的"永思堂"匾。东西两面墙上悬挂由元至正十一年(1351)工部尚书贾鲁题写的"宋裔发祥"匾及明成化三年(1467)大学士商辂题写的"厚德流光"匾。二进厅内还陈列了许多即将消失的农业用具和生活用品,如蚕匾、锄头、石磨、石槽、油灯盏等。

三进为祖先享堂,供奉远祖赵匡胤、始迁祖赵孟堙,以及先祖赵

学举、赵学徽等十余人的牌位,墙壁上挂有宋朝18位皇帝的画像,祠堂内还有碑刻4块和明代井栏圈1个。

正门为六扇精美雕花长槅大门。上方悬挂明正统六年(1441)祭酒李时勉题写的"忠孝一心"匾。厅内一色方砖铺地。中央陈设工艺精美的木雕拼花大型神龛。上方悬挂着清康熙三十五年(1696)河东薛宣题的"银潢远派"匾。两根柱子有金色的楹联一对:"祖德报明禋春礿秋尝需敬谨,家风崇本业农耕士读尚精专。"前两根柱子另有清乾嘉年间诗人、史学家赵翼题写的楹联一副:"源出银潢任派别支流本是来由天上,种分金粟看根深实茂直将荫满江南。"神龛中间供奉着始祖及西盖赵氏列祖列宗的神灵牌位。神龛前放有元宝形长方祭台,并配有八仙桌,陈设香案、祭祀器皿,庄严肃穆。

2003年12月20日,横林西盖赵氏宗祠落成典礼暨新谱颁发仪式盛大举行。

这里,还有两件事值得追记:

其一,其间,我还帮时任常州市政协委员、常州市第二人民医院院长赵建中等赵姓知名人士寻根问祖,找到了西盖赵氏的根。

其二,西盖赵氏宗祠申报不可移动文物工作进行过程中,遇到了一个小插曲,由于武进区特殊性,其不可移动文物申报属于辖地管理,即武进区范围内的不可移动文物归武进区单独申报。西盖赵氏宗祠不可移动文物申报材料送到武进区文物部门后,久久未有回音。而当年年底市文物保护单位、市文物保护控制单位公布在即,当时,市文管办领导一锤定音,不再等了,直接公布。

这也是历年来唯一一处未经武进区文物部门审批而被直接公布为市不可移动文物的,既是第一次,也是最后一次。

2003年12月23日,横林西盖赵氏宗祠被常州市文物管理委员会公布为常州市文物保护控制单位。2008年2月26日,被常州市人民政府公布为第四批常州市文物保护单位。

我与文物保护的那些事

恽代英住地

杰出的无产阶级革命家,"常州三杰"瞿秋白、张太雷、恽代英是常州的骄傲。瞿秋白、张太雷出生于常州,而恽代英祖籍今常州市新北区孟河镇石桥湾恽家村,清光绪二十一年六月二十二日(1895年8月12日)出生于湖北武昌。

恽代英一生从事革命工作,究竟有没有回过家乡,由于没有文献记载,在学术界有争论。

恽代英(1895—1931),字子毅,又名蘧轩,中国早期青年运动领导人。1913年考入武昌中华大学预班科。1915年进中华大学文科,攻

恽代英住地修复效果图

第一部分 文物保护纪实

读中国哲学。1917年在校创办中国最早的进步社团之一互助社。1918年大学毕业后留校任中学部主任。1919年加入少年中国学会，投身五四运动。1920年创办利群书社，传播以马克思主义为主的新文化。1920年7月在湖北黄冈成立共存社，1921年年底加入中国共产党。先后在安徽宣城省立第四师范学校、四川泸州川南师范学校、成都高等师范学校、上海大学任教。1923年8月出席中国社会主义青年团第二次全国代表大会，被选为团中央执行委员，任宣传部部长，主编团中央机关刊物《中国青年》。1924年国民党"一大"实现第一次国共合作后，与毛泽东、向警予、邓中夏等参加国民党上海执行部工作，任宣传部秘书兼上海大学教授，并主编《新建设》杂志。1925年参与五卅运动的领导工作，与各种反动思潮和派别（如国家主义派、西山会议派、戴季陶主义派）作斗争。1926年1月，在广州出席国民党第二次全国代表大会，会上被选为国民党中央执行委员。5月，任黄埔军校政治主任教官兼任中共党团书记。同年，北伐军占领武汉。1927年主持中央军事政治学校工作。"四一二"反革命政变期间，领导军校师生参加反蒋斗争。在中共五大中当选中共中央委员。参与"八一"南昌起义，任党的前敌委员会委员，10月任广东省常委秘书长兼宣传部部长，12月参与广州起义的领导工作。1928年7月中共六大后，调回上海，先后担任中央组织部秘书长、宣传部秘书长、《红旗》杂志主编。在中共六届二中全会上补选为中央候补委员。1930年2月以中央代表身份出席中共福建省第二次代表会议。后因批评李立三"左"倾错误而遭打击，被排挤出中央，撤销中央宣传部秘书长职务而调任为沪中、沪东行动委员会书记。他在逆境中坚持开展工运活动。同年5月6日不幸被捕，在狱中化名"王作霖"坚持秘密宣传，鼓励难友的革命斗志。后被转押至南京中央军人监狱，经叛徒顾顺章指认而暴露身份，然他始终坚贞不屈，于1931年4月29日惨遭杀害于南京国民党中央军人监狱草地。他的主要遗著有《恽代英文集》《恽代英日记》《来鸿去雁录》《共产主义青年运动的理论与实际》《中国民族

我与文物保护的那些事

修缮后的恽代英住地外貌

作者、张修民(右)、陈国林(左)出席恽代英事迹展开展仪式

革命运动史》等。

2003—2006年,常州市城市建设档案馆和常州市文博鉴赏学会合作出版《常州名人故居》一书,作为主编之一的我,为了弄清史实,特向文物老专家贺忠贤了解情况,贺忠贤向我提供了恽代英堂弟恽耀苍的证明材料。

据恽耀苍介绍,恽代英虽出生于武昌,并早年从事革命活动于武汉,但心系故乡与恽氏亲人。1923年,恽代英奉调从四川到沪工作,8月在南京参加社会主义青年团第二次全国代表大会后,在离宁赴沪途中,顺道回到家乡,探望姑父汪仲涵和姑母,在姑父母家小住,促膝谈心,共叙亲情。

恽代英住地原为清县令史佳若所建韵园的一部分,韵园在清咸丰年间曾作为太平军忠王李秀成的临时王府(正式王府在苏州),太平军失败后,韵园开始衰落,最后园主为杨瑞庭。杨宅占地面积0.457亩,坐西朝东,东邻娑罗巷(今称晋陵中路),南、西、北三面均靠邻居民房。20世纪20年代恽代英姑父汪仲涵一家赁居于杨宅第三进(今属第二进)三开间两层楼层下面三间,房屋建筑为清代硬山造砖木结构。原门牌常州市娑罗巷59号,今改称晋陵中路500号。

另据肖飞所著《董亦湘传》(华人文化出版集团2022年版)记载:1924年12月初,恽代英来常州探望了董亦湘的妻子龚宜大,拿出几块银元交给龚宜大,又把骑来的白马留在董家。

2003年,常州市人民政府准备调整公布一批常州市文物保护单位,鉴于恽代英的影响,我向市文管办建议将恽代英住地列入名单,并把正在编写的《常州名人故居》等相关资料提供给了市文管办负责人。

当时,也有人唱反调,说什么这处房子不是恽代英家的,也不是恽代英姑父家的,没有文物价值。更有甚者,说《恽代英年谱》上没有恽代英来常州的记载,因此反对申报文保单位。但我力排众议,坚持要求申报,得到了市文管办负责人的支持。

因为该处建筑群与吕思勉故居相连,所以2003年12月23日被常州市人民政府公布为常州市文物保护单位吕思勉故居本体保护范围的一部分。

2012年,常州市文物保护管理中心委托常州市规划设计院对吕思勉故居、恽代英住地及周边地区进行了整体的保护整治规划,并于2015年5月1日进行维修工程,7月29日修缮竣工。修缮后的恽代英住地作为恽代英纪念馆,在8月12日恽代英诞辰120周年纪念日正式对外开放。纪念馆占地面积738平方米,建筑面积544平方米。

2019年11月8日,恽代英住地再次被常州市人民政府公布为第八批常州市文物保护单位。

我与文物保护的那些事

大陆饭店旧址

坐落在常州老城区化龙巷木桥头、龚家弄、乌龙庵交会处的"大陆饭店",始建于1916年,它是常州地区第一家以饭店命名的综合性餐饮和住宿场所,也是当年与大成旅馆、中央饭店齐名的大型豪华饭店。由于大陆饭店建筑为中西合璧,又闹中取静,因此,梅兰芳、周信芳、盖叫天、上官云珠、赵丹、周璇、赵子敬、钱化佛、吴我尊、张肖伧、汤定之、孟森等名人名士都曾下榻大陆饭店。值得一提的是著名诗人徐志摩及

大陆饭店旧址旧影

第一部分 文物保护纪实

"一代才女"、女画家陆小曼也曾多次下榻。

当时南来北往常州的达官贵人、富商大贾之所以选择下榻此处，是因为它作为常州当时的"五星级"宾馆，是身份和地位的象征。由此可见，民国时的常州城俨然已成为江南具有现代城市气息的都会。

2005年，常州一家新成立不久的开发公司以3亿元人民币的价格，悄无声息地拿下了位于常州市区核心位置的古街区"乌龙庵"。其拍卖引起了不少热心市民、文物爱好者的争议，但在两次拍卖后"命运已定"，这一"黄金地块"已经十拿九稳地落入了开发商的手中。于是，这座古韵犹存、有着百余年历史、曾经与不少名人有关的历史建筑大陆饭店，危在旦夕。

我得知情况后，第一时间向著名文物专家谢辰生老前辈汇报。他接电话后，连声说："不能拆，不能拆，我去国家文物局和江苏省文化厅协调。"

与此同时，我与著名文保专家阮仪三先生联系，希望他能为保护大陆饭店和乌龙庵街区呼吁。

他很快回函：

"先生热爱家乡，义辞恳切，实为感谢。常州原本与苏州、扬州等同属蕴藏丰厚的历史名城，惜大兴土木，毁之甚多，但亡羊补牢，不言其晚。

我已将先生的意见转致常州市有关部门，希望能引起他们的注意，能否奏效尚不得知。望先生在当地亦加努力为盼。"

我还与《扬子晚报》马奔，《常州日报》钱月航，《现代快报》刘国庆，《江南时报》韩红军、李建军等记者联系。他们以最快的速度刊登了大陆饭店即将被拆的报道。一石激起千层浪，一时间网上群情激奋，市民们纷纷留言：把根留住，把大陆饭店保存下来。更有许多摄影爱好者开展寻根之旅，拍摄了许多大陆饭店和乌龙庵街区的古城旧影，发表在网上。

另外，我和朱达明、陈肃等专家向市领导建言，建议保留大陆饭

我与文物保护的那些事

店和乌龙庵街区。

2007年7月23日,谢老和丹青赶到常州,在我陪同下赴大陆饭店实地考察。他们与相关市领导沟通,要求停止拆除大陆饭店。在谢老和丹青的协调下,在阮仪三先生的帮助下,在文保热心人士周然的奔波下,在新闻媒体的报道下,在大家的呼吁下,相关部门从善如流,修改了改造方案,"从开发项目的面积

修缮后的大陆饭店旧址

作者参与策划的《大陆饭店》系列纪录片

中硬抠出一块"(市规划部门发言人言),公开宣布乌龙庵地区改造中,大陆饭店不拆除,将原址修复。

2013年,常州电视台文化公共频道《发现》栏目导演潘振,制片

第一部分 文物保护纪实

人陆汉伟、陈少华与我联系,想以大陆饭店为内容,拍摄几部系列纪录片,让我帮助策划并接受采访。于是,我先后参与拍摄了《大陆饭店之铁血英雄钱化佛》《大陆饭店之才色佳人陆小曼》《大陆饭店之孟家兄弟》等片子,电视台播出后好评如潮,声名远播,影响深远。

2013年4月15日,大陆饭店旧址被常州市人民政府公布为第六批常州市文物保护单位。2018年5月25日,大陆饭店旧址被钟楼区政府打造成"民国风情文化馆",成为文化展示与交流、商务洽谈和特色文旅集于一体的历史文化中心。

附 录:

江苏常州欲拍卖古民居建筑群乌龙庵引发争议

《江南时报》记者　韩红军

本报连续报道的《古民居建筑群被整体兜售》一文引发了常州市民的广泛关注,同时也掀起了一股怀旧热潮。昨日,一热心市民向本报报料称,在常州市国土资源局网上所登的土地交易信息栏中并无乌龙庵一词,被交易的乌龙庵其实已变成了"北大街东侧"。同时,常州3位文物专家也来电,严词抨击了乌龙庵被兜售事件。

专家:乌龙庵是龙城的脊背

昨日下午,记者打开了常州市国土资源局网。经查找,未找到乌龙庵地区被交易的信息,却发现被交易的乌龙庵地块的名称是"北大街东侧"。为什么交易时用乌龙庵之名,交易信息公布又改成了"北大街东侧"?对此事,国土部门有关工作人员表示,这主要为了避嫌,因为乌龙庵名气太大,所以就用方位词"北大街东侧"来代替。另外,记者还注意到,乌龙庵地块出让面积为6.5(公顷),用地性质为商业住宅,竞得人为常州平水置业有限公司,所交纳的保证金为10000(万元),该地块底价为30000(万元),成交价也为30000(万元)。

我与文物保护的那些事

昨日,常州3位文物专家看到本报连续报道后来电表达了他们的看法。常州市文物老专家朱达明先生表示,让私企老板在文化之地搞开发,这完全破坏了文化底蕴。乌龙庵是常州龙文化的精髓,目前最主要的就是要想方设法把乌龙庵保护下来。乌龙庵的文物价值、历史价值非常之高,在常州历史文化中占有很高的地位,此处名人之多常州绝无仅有,算得上是"明星建筑"。"乌龙庵不仅是龙城龙文化的精髓,也是龙城'龙脉'之所在,是龙的脊背,是龙文化中不可或缺的一部分!"常州市文博专家包立本如此评价乌龙庵。

就乌龙庵被兜售一事,江苏省六朝史研究会会员、副研究馆员贺忠贤老专家则认为:"常州有些领导重经济而不重文化,才搞到如今尴尬的局面。"贺老说,数年前,常州古建筑面临要拆的时候,常州文物专家联名向省文物局提交了一份关于保护包括乌龙庵在内的一批老建筑的材料,那时的乌龙庵已被写上了"拆"字。贺老表示,他还将联合常州的文物专家、文物爱好者向省文物局、国家文物局上书,力争挽救即将消失的常州文化。

市民:改造的同时希望有舍有取

"我家原来就住在那里,住了整整62年。小时候我常去玩,记忆最深的是那时候有很多井。小巷很深,还记得那里有很长的石板路……"家住清潭新村、年已70岁的周老先生,说起乌龙庵就来了精神。

周老先生说:"虽然我没什么文化,但我知道乌龙庵和化龙巷都是龙城龙文化的一部分,乌龙庵内每条小弄堂都有着独特的名字,都有一个故事。如今,哎!离得太远了……"周老先生哽住了。

市民王女士说:"这次乌龙庵要拆了,才知道原来我家门口的那个小洋楼居然叫大陆饭店!真的是特别漂亮的一个建筑,虽然现在里面挤挤挨挨了好几家住户,但就像现在那些蛰居在上海里弄里的小洋房一样,很温暖,也特别让人怀旧!你们知道吗?上海同等地段这样的小洋房可以卖5000万,房主还不舍得!我在乌龙庵住了10多年,说实话,那里也有一段地势特别低,到了下雨天就有点不方便,而且

第一部分　文物保护纪实

很多房子也有些破旧和逼仄，并不算舒适的居住；改造或者是必然的，但，能不能有舍有取，让我们在假日里，还能带着自己的孩子在老房子前讲一些过去的故事？"

网评：常州对文化习惯随心所欲

"常州马上要变为一个没有历史的城市，为了钱估计连祖宗都可以扔！""就为了一点点经济效益，就把常州已经稀有的文化古迹给拆了，实在让人心痛。"近两日，网友对于乌龙庵3亿元兜售一事进行了强烈的谴责。

常州知名网评家村人先生直言不讳：当常州所有带着一点文化标记的东西都给毁灭了，还有什么可以再毁灭？当常州的文化丧失殆尽之后，还有什么可以再丧失？当常州的地被全部卖光之后，还有什么可以再卖？拿什么来拯救常州？拿什么来拯救乌龙庵？想必如今乌龙庵面临拆除，面临永远在常州消失，也是常州的管理者们拯救常州的一种措施吧。常州有些部门对待城市文化的态度，完全就是一个"新打砸抢主义"。"新打砸抢主义"不是贬义，是个中性词。各个时代有各个时代的玩法，这个时代需要玩概念，于是"新打砸抢主义"应时而出，是个新的概念，先确立了态度，再见诸行动。唯利是图使商人和政府某些官员成了这个时代最大的受益者，同样是他们，在受益的同时，对人伦常理做了致命的打击。

（2005年11月12日《江南时报》）

冯仲云故居

冯仲云故居旧影

2006年开春,常州市文博鉴赏学会戚墅堰分会名誉主席王日曦打电话给我,说他有个朋友叫冯明歧,找我有事。我爽快地答应了。

冯明歧来后,向我介绍,他是冯仲云将军的侄子,现住在横林余巷村冯仲云故居内。由于当地村庄改造,有拆迁的危险,希望我联络一些社会名流帮助呼吁一下,同时,希望能通过我的关系将故居列入文保单位,永久保存下去。

过了不久,原武进县委宣传部部长钱世康到我办公室找我,说是他和张尚金等一批专家想筹备成立冯仲云研究会,希望我能参与。

真是巧了,前后两件事都与冯仲云有关。

说句实在话,当时虽然我知道冯仲云是革命家,但具体事迹并不太

第一部分 文物保护纪实

清楚,于是我通过查找1988年版《武进县志》资料,才知道他是位了不起的人物——一位没有军衔的开国授勋将军,东北抗联的领袖,曾经进行了14年的艰苦抗日。

冯仲云1908年出生于横林镇

修缮中的冯仲云故居(张军摄)

余巷村,少年时期即有强烈的爱国情结。1923年在中学读书时,开始受五四运动后各种新知识、新思想影响,曾冲破校方阻拦参与声讨反对曹锟和"猪仔"议员的斗争大会。1925年,上海发生五卅惨案,激起全国人民的愤怒,他立刻与一批进步学生投入反日示威游行,声援讨伐帝国主义罪行,并从中认识到挽救民族危机的重要。

1926年,考入北平(今北京)清华大学,并开始研读马列著作。1927年,在"四一二"白色恐怖最为严重的关键时刻,他毅然加入中国共产党,与朱理治等同学深入到北京西郊农村,发展党员,开展农运工作。1930年,调到北平市委,负责党的宣传工作。数月后,在筹备五一劳动节时不慎被捕入狱。同年9月,在党组织营救下砸开镣铐越狱成功。22岁的冯仲云放弃赴美深造的机会到哈尔滨,以商船学校数学教授的身份,开展革命活动,曾担任中共满洲省委少数民族委员会书记、全满"反日会"党团书记。

1931年九一八事变爆发,东北沦陷。时任中共中央政治局候补委员、中央驻东北代表的罗登贤,被迫转移到哈尔滨领导抗日救亡斗争。罗登贤在冯仲云家(哈尔滨市区南岗一栋僻静的俄罗斯别墅)中,

我与文物保护的那些事

紧急召集北满党的领导人开会。当时东北党组织与中共中央失去正常联系,党的活动经费业已断绝,省委需要自筹资金。幸好冯仲云是教授,又兼任附近中学的数学课,月收入260多块银圆,担任中共满洲省委秘书长的冯仲云和妻子薛雯(满洲省委交通员、秘书),拿出180块银圆交党费,同时利用各种关系筹措活动经费。当时满洲省委的文件和宣传品,均由冯仲云组织秘书处印刷、分发,省委的全部重要文件都保存在客厅的大沙发靠背里。冯仲云的家成为当时中国共产党领导东北人民进行抗日斗争的"总指挥部"和省委的"文件库"。

1932年,东北抗日联军活动地区日益缩小,部队大部分被迫转移到深山密林开展游击战。东北抗联原有20000多人,后来只剩下不足2000人。一些团、师、军长相继牺牲,血染疆场。最困难时粮草弹药断绝,进入冰天雪地,大家以树叶作铺,围着篝火睡眠,常常以树皮草根和猎杀野兽充饥,部队化整为零,分散作战,在漫漫林海里辗转穿行。冯仲云与李兆麟等战友偶然相遇,第一句话往往是"你还活着呢"。

1939年九一八事变纪念日那天深夜,为了打通与党中央的联系,他和战友高禹民等越过边境进入苏联境内,与共产国际中共代表团沟通情况。在异国他乡,他4天内奋笔疾书,挥泪以北满省委名义给中共中央写了2万多字的长篇报告,详细叙述1935年至1939年北满抗日斗争情况,使东北抗联和共产国际、中共中央接上关系,并保存了在苏联境内集训的东北抗联骨干。

1945年8月8日苏联正式对日宣战后,中朝抗联将士金日成、崔庸健、周保中、李兆麟、冯仲云在伯力机场先后回国参战。9月10日,冯仲云率队进驻沈阳,担任苏军警备司令部副司令,他最早会见八路军先遣队曾克林将军,写信向中共中央汇报抗联部队回国参战情况,"希望党中央派人来,越快越好"。他为中共中央在东北打开局面,做出了重大贡献。

抗战胜利后,根据陈云的指示,他陆续写出《东北抗日联军十四年苦斗简史》《抗联的父亲老李头》《东北抗联创始者——罗登贤同志》

第一部分　文物保护纪实

《李兆麟将军》《中国英雄赵一曼》等著作,并以亲眼所见的事实,揭露控诉日本侵略者在东北犯下的滔天罪行。

1946年4月,成立松江省,他当选省主席。为永远怀念在抗日战争中英勇牺牲的杨靖宇、赵尚志、赵一曼等烈士,在召开20余万人参与的庆祝抗战胜利大会上,提议将哈尔滨的正阳街改为"靖宇大街",新城街改为"尚志大街",山街改为"一曼街"。

1949年4月,合江省和松江省合并,成立松江人民政府,仍由他任主席和常委,并兼哈尔滨工业大学校长。1952年,调

常州市文博鉴赏学会在余巷考察

往北京,先后任北京图书馆馆长、水利部副部长兼华东水利学院院长、水利电力部副部长等职。1955年被毛泽东主席亲自授予"一级独立自由勋章"和"一级八一勋章"。他是第一、二、三届全国人大代表和中共八大中央委员。1968年3月被林彪、江青反革命集团迫害致死。1977年平反昭雪。

革命英雄万古流芳,常州先贤永留史册。

出于对先贤的敬仰,我借了一辆面包车,约了羊淇、羊汉、潘茂、朱达明、徐伯元、吴之光、黄元裕等社会名流前往横林余巷村冯仲云故居、冯元桢故居等考察。

冯仲云故居坐北朝南,为硬山式砖木结构。第一进平房,六檩三间,正中明间檐下为石库门,保持原貌,建筑面积70余平方米;第二进原为三间平房,已改建为水泥混制楼房;第三进原为三间楼房,现

我与文物保护的那些事

常州市名人研究会冯仲云研究分会成立大会

常州市名人研究会冯仲云研究分会第三届会员大会

建为平房,屋后有一园。第三进东侧另有两间平房(原为厨房及猪舍)。整个故居建筑面积约400平方米,占地面积近700平方米。第三进平房中冯明歧已辟作私人筹办的"冯仲云纪念馆",室内陈列有冯仲云生平事迹介绍、著作、生前遗物、授勋和勋章照片等。

参加考察的专家们都觉得冯仲云故居值得保护。

回来后,我们主要做了几方面的工作:

一、广为宣传冯仲云事迹和冯仲云故居保护的必要性。当年由常州市城市建设档案馆、常州市文博鉴赏学会编辑,我和陆志刚主编,方志出版社出版的《常州名人故居》书中,详细介绍了冯仲云的事迹和故居的有关情况。

第一部分　文物保护纪实

二、发动专家们联合签名呼吁，请求保护冯仲云故居，并将故居列入文保单位。由我将呼吁书送到市文管办。

三、2008年3月26日，由河海大学、常州市名人研究会等联办的"纪念冯仲云同志诞辰一百周年座谈会"在河海大学常州校区举行，全国知名专家和冯仲云亲属齐聚一堂，共同发声，期盼冯仲云故居能保护下来，并早日成立冯仲云研究会。

四、我和钱世康、张尚金与常州市民政局社团管理处处长庄韧联系后，得知成立市一级革命人物的研究会要经省委宣传部发文同意，手续烦琐。最后他提了一个变通办法，可以成立常州市名人研究会冯仲云研究分会，这样只要经业务主管部门常州市社科联和审批管理部门常州市民政局批准就行了。于是，在常州市社科联和民政局的支持下，2008年7月4日，常州市名人研究会冯仲云研究分会设立手续办好。

在各方努力下，市文管办同意了专家们的申请，冯仲云故居于2008年2月26日被常州市人民政府公布为第四批常州市文物保护单位。

同年11月30日，常州市名人研究会冯仲云研究分会在冯仲云的母校——武进横林中心小学正式成立。原武进县委宣传部部长钱世康当选第一任会长。

2019年9月23日，常州市名人研究会冯仲云研究分会在武进横林中心小学举行第三届会员大会，总结冯仲云研究分会成立10年来的工作，整理编辑纪念文集，开展青少年及全社会的宣传教育，研究活动卓有成效。横林中心小学校长顾海明当选第三任会长。

2021年4月8日，在常州市名人研究会冯仲云研究分会、横林中心小学等的申请下，横林中心小学更名为常州经开区冯仲云小学。

我与文物保护的那些事

苏东坡终老地遗址藤花旧馆

以下为中新网 2006 年 7 月 1 日的电讯——

据中新网常州 2006 年 7 月 1 日电：今天上午，江苏常州市政府在常州大酒店向新闻媒体通报了常州前后北岸历史文化保护区修缮整治方案。

前后北岸原本为两条河所夹，南是"顾塘溪"，北是"白云溪"，前后北岸称呼由此而来，在常州 2500 年的文明史中，这片总面积不超过 4 万平方米的狭长"三角洲"却奇迹般存在。仅在明末清初这里就出了四位状元、两位榜眼、两位探花。据当地人说："这里都是诗人屋。"一代大文豪苏东坡亦终老于此"藤花旧馆"中。

拆除中的前北岸 73 号大院

第一部分 文物保护纪实

据常州市官员赵忠齐介绍：这次修缮整治的指导思想是为了弘扬常州的历史文化，全面提升前后北岸历史街区的保护水平，更好地保护文化遗存，保证街区内的文物不因自然和人为的原因而遭到破坏，也是为了改善前后北岸居民的居住环境，提高市民的生活质量。

然而，宣传中无限美好的前后北岸修缮，到现实中变成了令人瞠目结舌的房产开发项目——古民居全部被拆，文保单位保护面积缩水，文物建筑全部被拆除重建，美其名曰"修缮"。这完全是借修缮整治历史文化街区之名，行房地产开发之实。

常州画派代表人物恽冰、恽珠故居被拆。就连作为苏东坡终老地遗址藤花旧馆一部分的前北岸73号和清代漕运总督管干贞故居侧房的前北岸30号等也在拆除计划之中。

当前北岸73号主人马梅芳儿媳周然通过朋友找到我时，我愣住了——省级文物保护单位的本体部分、苏东坡终老地的一部分居然还要拆，他们为了钱，竟然什么都敢拆。

周然说，有关部门不认可前北岸73号是苏东坡终老地遗址藤花旧馆的一部分。

我拿出了2001年10月由常州市房产管理局产权监理处编印的《常州名人故居汇编》，以及市文管办早年开出的介绍信，这些都明确证明前北岸73号是苏

文物泰斗罗哲文认定前北岸73号门楼上的"吻"为宋代构件

我与文物保护的那些事

央视《讲述》书影

央视《焦点访谈》记者曲长缨签名

东坡终老地遗址藤花旧馆的本体部分。

时任常州市工人文化宫副主任高展飞提供的《常州文物》一书，也是有力证明。

然而，他们依然准备强制拆迁。

我跟痛心疾首的周然讲，要不你去找下中央电视台《焦点访谈》栏目记者曲长缨，曲记者2003年曾采访报道过恽氏庭院被拆事件。他是有正义感的记者，是我的好朋友；要不你去找下著名文物专家谢辰生老前辈，他是常州人，对家乡文物有感情；要不你去找下文物专家赵汤亚洲、贺忠贤、陈肃、张俊彦等，他们热爱文物，请他们帮助呼吁。

周然一方面拿着朱达明撰写的材料赴常州、溧阳等地征集专家签名，一方面在朋友的帮助下赶到了北京，拜访郑孝燮、谢辰生、罗哲文等著名文物专家，专家们得知情况，义愤填膺。

于是，谢老打电话给正在新疆吐鲁番学研究院工作的丹青先生，

第一部分 文物保护纪实

指示丹青火速赶到常州调查常州前后北岸历史文化保护区内的73号强制拆迁一案,并告诉他,郑孝燮、罗哲文两位专家均高度重视这一案例的发生。

丹青于2006年4月15日飞回上海,17日来到常州,找了常州市文化局和市人防办等领导。听了双方有关前后北岸改造的方案,也拍了他们提供的有关图纸,并把三老的意见如实地作了传达,要他们立刻停止拆迁,指出,73号在前后北岸文物保护范围之内,是省级文物保护单位苏东坡终老地遗址"藤花旧馆"的有机组成部分。从其对常州历史的了解,东坡终老之地不在原明代建筑楠木厅处,而在今前北岸73号原武进县度量衡检测所东首厢房处。该处原来是汤宅祠堂大殿。祠堂两侧曾经有东、西书房,据传东首即为东坡寓居并终老之地。十年前文物部门在搞历史文化名城街区保护时,这一公案已经基本调查清楚,现在被称为"藤花旧馆"的三间楠木大厅为明代建筑。当时的孙氏馆遗址包括现在的89号、73号在内。73号是明末清初汤宅"湛露堂",过去有巨匾("文化大革命"中毁佚),这与邻近的赵翼故居"湛贻堂"属同一时代。清光绪武进阳湖县《营建舆地全图·左厢图》中的孙氏馆和东坡祠、东坡书院位置正是今天的孙、汤两宅基址。我们从常州市房管局档案资料中还发现,新中国成立后(1963年)绘制的全市房屋平面图上也能看出,藤花旧馆和今天的73号汤宅"湛露堂"两宅同属解放西路200号。今天你只要打开常州博物馆与常州市文化局网站就什么都清楚了,"前北岸89、73号,为北宋大文豪苏东坡终老之地孙氏馆遗址……"论品位和价值73号汤宅"湛露堂"还超过"藤花旧馆"的三间楠木厅,这个纪念地原是一个整体。

丹青又说:"你们这样是违法的,古建筑经不起你这样折腾,再说这样做是不折不扣地毁坏了真古董,在做假古董,文脉断了,风貌也毁了。老专家们绝不会同意你这种做法。不仅是73号汤宅'湛露堂'不能动,砖雕门楼不能动,就是整个前后北岸的文保单位,只能原地修缮,决不能伤筋动骨地拆掉复建。"

我与文物保护的那些事

与此同时,谢辰生、罗哲文先生已给江苏省文物局主要领导去了电话,传达专家对前后北岸历史文化保护区的关注并强调决不能违法拆除73号汤宅"湛露堂"的主体建筑,以及砖雕门楼。

2006年5月起,谢辰生、罗哲文两位先生多次亲临常州,在周然和《常州日报》记者顾祖年、《江南时报》记者李建军等的陪同下,赴前后北岸现场考察。我和赵苏谋、汤祚永、管德全等提供了相关材料给老专家们。

但是,有关部门置若罔闻,在郑孝燮、谢辰生、罗哲文等先生再三劝阻下,在中央电视台《焦点访谈》栏目拍摄后,依然拆字当头,9月16日,前北岸73号精美的砖雕门楼、东厢房屋顶被掀掉。

值得一提的是,为了留存证据,文保热心人士、《常州日报》记者蒋建平派人进行全程录像。

是可忍孰不可忍,郑孝燮、谢辰生、罗哲文等拍案而起。10月16日,谢辰生向时任国务院总理温家宝上书。

10月17日,温家宝总理做出亲笔批示:"请培炎、建敏同志阅批。辰生同志及各位专家反映的南京、常州旧城改造问题,可由建设部会同国家文物局、江苏省政府调查处理。法制办要抓紧制订《历史文化名城保护条例》,争取早日出台。"10月18日,国务委员、国务院秘书长华建敏在谢老此信上批示:"请适时阅转康泰同志,按家宝同志指示抓紧办。"10月23日,国务院副总理曾培炎在谢老此信上批示:"光焘同志:请建设部按家宝同志批示要求,抓紧进行调查处理。"10月21日,温家宝总理亲笔函复谢老。

在谢辰生、郑孝燮、罗哲文、丹青等文物专家的大力斡旋下,在国家领导的重视下,在中央电视台《焦点访谈》栏目和各媒体的关注下,在文物志士们的共同参与下,在马梅芳一家及街区居民的不懈努力下,苏东坡终老地遗址藤花旧馆本体范围前北岸73号以及东坡书院、材罩屋、将军楼等其他未被拆除的前后北岸古建筑被保护下来了。

2011年,受时任常州市文广新局副局长张戬炜的委托,由我负

第一部分　文物保护纪实

责苏东坡终老地遗址藤花旧馆布置和开放工作。当年8月25日，由常州市文广新局、常州市文联主办，常州市名人研究会、常州市文博鉴赏学会等单位承办，我总策划的"纪念苏东坡仙逝常州910周年名家书画藏品展"在修缮后的藤花旧馆开展，时任常州市政协副主席朱剑伟、常州市人民政府原副市长薛锋、常州市人大常委会原副主任周源等嘉宾剪彩。展厅人流如潮，短短三天时间有5000余人参观展览。这也是近千年来藤花旧馆首次对外开放。

时任常州市政协副主席朱剑伟为苏东坡终老地遗址藤花旧馆开放致词

作者策划的"纪念苏东坡仙逝常州910周年名家书画藏品展"在苏东坡终老地遗址藤花旧馆开幕

61

我与文物保护的那些事

附录：

苏东坡终老地牵动总理心

《现代快报》记者　刘国庆　陆　媛

73号之争：到底是不是苏东坡终老地

常州是江苏省历史文化名城，前后北岸位于常州市中心地带，也是常州全市3处历史文化保护街区之一。目前，该保护区内，有文物保护单位3处，最重要也最有名的是省级文保单位苏东坡终老地藤花旧馆。另外两处是省级文保单位管干贞故居和市级文保单位赵翼故居。前后北岸内还有文保控制单位3处，分别是汤润之故居、吕宫府、将军楼。

两年前，常州市文化部门有关人士就表示，将投入大笔资金对前后北岸进行修复，并表示这是常州文保工作中的一次"大手笔"。但是从去年开始，常州市有关方面对前后北岸进行拆迁工作开始，引来社会各界的争议。

争议的焦点是前北岸73号。中国文物学会世界遗产研究委员会秘书长丹青说："现在被称为'藤花旧馆'的三间楠木大厅为明代建筑。东坡终老之地并不在三间楠木厅处，而在今前北岸73号。因此73号属于前后北岸文物保护范围，是省级文保单位'藤花旧馆'的组成部分。"

而在由江苏省文化厅文保处束有春处长担任副主编的《江苏文物古迹通览》一书中也明确写到，省级文物保护单位苏东坡终老之地"藤花旧馆"包括89号和73号。另外，全国历史文化名城保护专家委员会委员谢辰生也明确表示，73号应属苏东坡终老之地藤花旧馆的本体。

但是常州市有关部门负责人则坚持认为，73号不属于藤花旧馆的本体。

第一部分　文物保护纪实

73号主人：众多证据挡不住文物被拆

前北岸73号的主人叫马梅芳，从1971年开始，她和家人就住在那。房子内有雕花的青砖门楼、罗砖地面，以石鼓为基础的红木柱，细密的瓦片像鱼鳞一样覆盖在屋脊上。省文物局的工作人员曾经告诉她：前北岸89号和73号是江苏省第三批文物保护单位苏东坡的终老地藤花旧馆的一部分，"当时他们还明确说房子要拆，必须报省人民政府批准，经国务院备案"。随后她还收到了省文物局"前北岸73号在1982年被列为江苏省第三批省级文保单位"的传真。

不料，即使有这么多的资料证明，常州有关部门相关负责人却坚持73号不在省级文保单位藤花旧馆本体保护范围之内。马梅芳说，为了使73号不被拆，她和家人搜集的资料有几大包，并查阅包括文物保护法在内的各种法律书籍，打了几场官司。

让马梅芳和家人没有想到的是，9月19日，常州市有关方面竟强行将73号的门楼和部分厢房拆除。记者在现场看到，73号门楼被拆后，原来的院落已被一道水泥仿古围墙围起，而整个73号则变成了工地的一个项目部。据了解，73号门楼被拆除时，发现一件建筑构件，经全国历史文化名城保护专家委员会副主任委员罗哲文认定为宋代的构件"吻"。谢辰生等专家表示，这正好证实了73号应属苏东坡终老之地"藤花旧馆"的本体，门楼被拆实在不该。

专家惋惜：整个街区竟拍卖给开发商

今年5月5日，全国历史文化名城保护专家委员会三名老专家郑孝燮、罗哲文、谢辰生联名向江苏及常州文物部门发出呼吁：常州市目前正对前后北岸历史文化街区进行地块改造，具体的做法是，将该地区地面全部抬高两尺，需要先将地面建筑拆除，然后进行重建，把历史文化街区拆除重建，与历史文化名城的保护原则是相违背的。建议该项目立即停工，并约请相关专家进行充分认证后再做决定。

三名老专家的呼吁书发出后，江苏省文物部门及建设部门立即到场调查了解。然而，不久之后，前后北岸地块的工程又重新开工。

我与文物保护的那些事

常州市国土局网站资料显示：前后北岸地块 37485 平方米于 2004 年 3 月通过挂牌的方式拍卖给常州华丰建设开发有限公司，规划用途为"商业、办公"，底价是 1000 万，成交价也为 1000 万。记者获得有关资料得知，江苏省政府批复的前后北岸历史文化街区修缮与整治规划方案中，文保区 1# 地块的面积约 1.8 公顷，也就是说，整个历史文化街区被拍卖给房地产开发商。丹青认为，将一个历史文化街区一股脑拍卖给房地产开发商，这在全国都属少见。

总理批示：国家部委会同省政府调查

10 月，包括郑孝燮、罗哲文、谢辰生等数名专家联名上书给国家相关部门，呼吁对前后北岸采取紧急措施。呼吁很快得到了国务院总理温家宝的批示。

近期，国务院总理温家宝专门就此做出批示，要求国家建设部会同国家文物局、江苏省政府对常州在改造前后北岸地块工程中出现的问题进行调查处理。记者通过确切途径获知了总理批示一事，而国家文物局执法处的一位工作人员也向记者证实了此事。

据悉，目前国家建设部、国家文物局以及江苏省政府均对此高度重视，正对常州前后北岸改造中出现的问题进行调查处理。快报也将继续关注此事。

链　接：

常州孙氏馆是苏东坡终老地。此后，孙氏馆易名藤花旧馆。而今藤花旧馆所在的前后北岸是省历史文化名城常州的历史文化保护街区之一。然而，自常州市对该历史文化保护街区开展修复工程以来，却引来社会各界的广泛争议，多位国家级文物专家，联名上书呼吁紧急对此采取措施。今年 10 月，呼吁书得到了国务院总理温家宝的批示，要求国家建设部会同国家文物局、江苏省政府对常州在改造前后北岸地块工程中出现的问题进行调查处理。

（2006 年 11 月 21 日《现代快报》）

第一部分 文物保护纪实

杜　宅

杜宅前临勤工路,后临锁桥河码头,东为常柴厂,它处于锁桥、小虹桥中间。

杜宅旧影

杜宅主人杜桂生是浙江绍兴人,清光绪十四年(1888)生。杜家世代为农,家境贫寒。清光绪二十七年(1901),杜桂生从绍兴到上海学生意,由于工作勤快,善于学习,不几年他就学会了车、钳、铸、锻等机械加工和制造技术。清光绪三十三年(1907)杜桂生到上海求新制造机器轮船厂当技工,又学会了看图和翻样。当时图纸都是英文,杜桂生凭着刻苦精神基本掌握了英文专用名词,并能简单会话,成了一名"老鬼"(技术水平高的师傅)。

1913年,常州实业家奚九如到上海招募人才创办常州厚生制造机器厂(即常柴厂前身),杜桂生和多名绍兴同乡到常州应聘,参与厚生机器厂的创办。

杜桂生在厚生制造机器厂担任领班和技师(即总机械师)。他十分重视工人的技术教育,向奚九如建议推行"师傅带徒弟制"来提高

我与文物保护的那些事

厚生厂工人的技术水平,用"订关书"的方式来确立"敬业学技"的传统。奚九如十分赞赏杜桂生的建议,并安排他主持这一工作。杜桂生教育徒弟很严格,徒弟满师后大多成为生产能手。从1913年至1935年的22年中,杜桂生先后培养出千名学徒,他们分布在常州和无锡的机器制造厂,成为技术骨干,为常州地区机械制造工业技术水平的提高做出了贡献。

从1932年开始,杜桂生除了管理厚生厂外,还兼任了常州面粉厂和自来水厂技术总管。1935年他又在锁桥赵家村自己的住宅边租地开办了家庭小厂宏大机器厂,生产农业机械,作为厚生厂的补充。1944年后,由于日本占领时期严格控制原料,宏大机器厂难以为继而关门。

1944年10月杜桂生病逝,参加吊唁活动的各界人士有千人之多。

其子杜家瑞,号小西楼主,1921年生于江苏常州。系著名书画家,民国时期与马万里、房虎卿、李克嘉等画家一度齐名。传略入编1948年《武进指南》。曾于2000年3月在常州东坡书院举办过个人画展。

2013年12月23日,杜家瑞去世,享年93岁。

杜宅坐北朝南,是一座二进五开间具有江南水乡民居特色的民国早期建筑群,中西合璧,是民国时期常州优秀建

杜宅后人、画家杜家瑞

第一部分　文物保护纪实

筑代表之一。

缘于风水的原因,杜宅的石库门偏向东南(巽位)的方向约15°。

杜宅院落两进之间有10寸厚的围墙联结,房屋主体为硬山式砖木结构。

民国式的观音兜(封火墙),内含避雷器,保存得完整无缺。

杜宅东西两侧的花瓦窗、月洞窗,富有常州地区的建筑特色。

杜宅的正门是有蝙蝠图案的铜环包铁皮防盗厚木门;第二道是木屏风门,方形水磨砖(俗称罗砖)铺地,门上方有方胜花卉图案。杜宅的第二进比第一进略高,寓意"芝麻开花节节高"。第二进为主楼,楼上原有梅、兰、竹、菊铸铁栏杆,主楼长窗为二十四孝和梅花菱形图案,至今保存得十分完美,令人赞不绝口。

辅房长窗为和合双喜图案。明堂天井地坪四周都是用花岗岩条石镶边,下有暗沟,能有效地组织排水,即便大雨也不受水淹。

为防临河建筑的地基沉降,杜宅还选用常州不多见的木短桩和块石、水泥、糯米汁调和作基础。

杜宅西面为机器制造工场,东面为厨房、家用小码头、账房间、员工宿舍和仓库。辅房东为接待业务处,辅房西是打样间,主楼二楼为主人住房和书房。

宅主杜家瑞和我是忘年交。2000年3月,他在东坡书院举办的个人画展就是我帮他操办的,他跟我讲了许多关于他父亲的事迹和传奇。有一次闲聊的时候,他开玩笑说,他父亲也算是地方名人了,故居可以申报文物吗?虽然是句玩笑话,但由于杜宅建筑有特色,古宅主人有名望,所以我积极向市文管办推荐其进入文物保护单位名录,市文管办负责人让我把相关资料整理好。在文物专家论证会上,我讲述了杜宅申报的理由,最终通过了评审。杜宅于2008年2月26日被常州市人民政府公布为第四批常州市文物保护单位。

孙　家　庵

2011年某天晚上的常州电视台《常州报道·深度撞击》栏目播放了《建名校要拆文保单位？》，对常州市第一中学改扩建要拆除具有400年历史的孙家庵之行为进行报道，让人揪心。

孙家庵又称净观禅院，位于常州市区南园，系明天启间礼部尚书、东林党领袖孙慎行家庵。清光绪十九年（1893）由孙氏女孙妙行重建。"文化大革命"中佛像、法器等被毁。1984年重修，存佛殿二进各三间。佛殿内外（廊下）均铺设罗地砖，木格落地玻璃长窗完好。大殿面阔9.80米，进深10.20米，硬山造砖木结构，殿内东西两侧山墙中嵌置碑刻各一块。东壁嵌碑为《武进县政府布告第二、六号》，落款为"中华民国二十二年（1933）五月六日，县长蔡培"等字样，碑高1.19米，宽0.55米。西壁嵌碑为《常州孙家庵净观堂碑记》，落款为"民国癸酉（1933）三月"，碑高1.17米，宽0.658米，记载该庵兴建史实。

孙家庵原住持传怡师太（1909—1987），10岁时，在孙家庵落发出家，从师华严宗应慈法师学佛，研读教义。1926年，在扬州万寿寺向寂山老和尚求戒。曾到香港

《常州孙家庵净观堂碑记》

第一部分　文物保护纪实

竹林寺尼众佛学院深造。1930—1931年,在寿生庵悦众。从23岁起,一直在孙家庵任住持。传怡师太童贞入道,一贯恪遵师训,禅净双修,严守清规。新中国成立后,传怡还担任常州市妇联执行委员。1984年4月,重返孙家庵任住持。她致力于传承佛教的优良传统和作风,爱国爱教,竭诚关心孙家庵和天宁寺的修复工作,把所有积蓄全部布施在寺庙修复上,为修复孙家庵和天宁寺做出了积极贡献,倾注了自己的心血和精

孙家庵外貌旧影

孙家庵大雄宝殿旧影

力,不仅使孙家庵恢复旧观,而且成为全省开放庵堂之一。

　　由于种种原因,孙家庵没被列入任何级别的不可移动文物,也导致了其被拆除的危险性。

　　其实,文物是历史自然遗存的,譬如长城、京杭大运河,即使没有任何政府机构来认定,它还是文物。而文物保护单位是经过有关单位

我与文物保护的那些事

进行了定级。孙家庵始建于明代，即使没有机构认定为文物保护单位，因它有丰富的历史内涵和意义，还应该是文物。即使它不是文物保护单位，也依然值得保护。《中华人民共和国文物保护法》第二条第一款规定，在中华人民共和国境内，具有历史、艺术、科学价值的古文化遗址、古墓葬、古建筑、石窟寺和石刻、壁画，受国家保护。国家的法律法规并不是仅仅保护定级了的文物保护单位，任何具有历史价值和意义的历史遗存都应受到保护。

如果说具有400年历史的孙家庵没有保护价值的话，那么前后北岸、西瀛里文保区内的许多古建筑，都是近年来推倒以后，重新移建的，它们与原形制根本不能同一而语，譬如庄氏济美堂，原有七进建筑，如今移建后仅重修一进，还定为文物保护单位了，而孙家庵青砖黛瓦、雕梁画栋，完全是原样修复的，这样都不算文物，岂非笑谈？！

得知孙家庵将被拆除的情况后，我、张军、杨维忠等一批文保志愿者通过各种途径进行呼吁。我、张军等在化龙巷、戚墅堰、人文常州、武进新闻网等网站写帖子——《常州净观禅院还是保留修复为好！历经400多年后难道非拆不可吗？》《孙家庵览胜》等，宣传孙家庵历史，建议保护孙家庵；杨维忠则向常州市政府信箱发送人民来信。市政府办公室网络发言人由此回复："您好，您反映的问题我们已向姚晓东代市长汇报，姚市长高度重视，已批示请规划局和宗教局再次进行论证。后续情况我们将进一步跟踪了解，并及时向广大网友公开。"

我还向时任常州市民族宗教事务局局长赵世平阐述孙家庵不能拆除的理由，得到了他的肯定和支持。

同时，天宁寺方丈松纯、小九华寺（孙家庵）方丈宏能等宗教界知名人士拒绝签署拆迁协议。最终，天宁寺下院孙家庵保护下来，并于2012年2月1日被常州市文物管理委员会公布为常州市一般不可移动文物。

第一部分　文物保护纪实

蓉湖西柳荡刘氏宗祠

2011年春,常州市姓氏文化研究会会长苏慎电话联系我,说武进蓉湖刘氏宗祠理事长刘大元想来拜访我,不知方便否。我说,好呀,欢迎光临。

过了几天,刘理事长在苏慎陪同下,来到我办公室。几句寒暄后,刘理事长说:"今天来一是想结识下您;二是蓉湖西柳荡刘氏宗祠修缮完毕,准备5月8日开祠,想邀请您参加典礼;三是中国国民党荣誉主席连战为我们宗祠题写了'守三堂',我们想趁热申报文物保护单位,鉴于您在文物界的影响,想请您帮忙。"

接着,他向我详细介绍了"守三堂"蓉湖西柳荡刘氏宗祠的历史。蓉湖西柳荡刘氏始祖为南宋理学大师朱熹的老师、著名的"屏山先

蓉湖西柳荡刘氏宗祠大厅

我与文物保护的那些事

蓉湖西柳荡刘氏宗祠享堂

生"刘子翚,蓉湖西柳荡刘氏宗祠位于武进横山桥镇芙蓉西柳塘村。2010年,蓉湖西柳荡刘氏宗祠开始重修,为五楹二进式建筑,宗祠三面环水,几十亩水面碧波荡漾,四周绿化林带环绕,整个宗祠古色古香、黛瓦飞檐。上一次重修的蓉湖西柳荡刘氏宗祠和宗谱上有13位民国名人,包括林森、于右任等国民党元老的题词,此次连战题了"守三堂"三个大字。

我说这是好事呀,我来想办法。

于是,我首先以常州市名人研究会的名义,在《常州日报》《常州晚报》《扬子晚报》等媒体上发表《连战为蓉湖刘氏宗祠题写堂名》等报道,扩大祠堂的影响。其中,2011年4月14日《常州日报》刊登的《蓉湖刘氏宗祠5月开祠 连战题写堂名》报道如下——

始祖为南宋理学大师朱熹之师"屏山先生"刘子翚的蓉湖西柳荡刘氏宗祠,日前重修竣工,并获国民党荣誉主席连战题写堂名"守三

第一部分 文物保护纪实

堂",将于 5 月择日重新开祠,这是记者昨天从市名人研究会获知的消息。

"守三堂"得名源于屏山先生逝世时,弟子朱熹为谢师恩,而为其族人书写的"不远复"三字训言,"守三"即意味着恪守三字训言,一是希望族人在西柳荡守土聚居,互相扶持;二是从理学角度,告诫族人谨言慎行,不要在不正确的道路上远行后才知悔悟回转。

蓉湖西柳荡刘氏宗祠位于武进横山桥镇"守三堂"分祠堂原址,于 2010 年 5 月重修,为五楹二进式建筑,总面积 588 平方米,总投资 200 余万元。

此次邀请到连战题词的缘由,可追溯到 20 世纪 30 年代。1933 年,蓉湖刘氏曾续修宗谱,族人刘锦泰时任上海市纺织染业、织业工会主任,社会声望很高。他欣闻祖地续谱,受族人之托,谋求得到了林森、孙科、于右任、蔡元培等 13 位国民党元老、名人的珍贵题词。去年 12 月,刘氏族人把这些题词和一封信托人捎给连战,邀约墨宝题写堂号,连战欣然应允。今年 3 月,连战题词寄来,是在 1 米多长的白色宣纸上书"守三堂"。日前,刘氏家族已将连战题词制成牌匾,拟于开祠当日挂上。

修复的刘氏宗祠,具有浓厚文化意味:祠

连战为西柳荡刘氏宗祠题字

我与文物保护的那些事

名由屏山先生逝世时其弟子朱熹为之撰表并手书而得;堂名为连战题写;民国13位元老、名人题词石刻布展在天井走廊;南宋孝宗皇帝为褒扬刘氏家族勋绩特批的御笔"精忠望族,理学名家"八个字镌刻在天井两侧的巨石上;字迹清晰、距今已有194年历史的两块清朝嘉庆年间的石刻青砖——守三堂二十条公议祠规展于祠内。另外,祠内还展出了朱熹为刘氏家族和屏山先生题写的"文安世家""继往开来""不远复"等手书题词,还布展着《屏山公一句》、朱熹撰写的《屏山公墓表》《遗帖跋》《题刘氏宗谱序》等重要祠堂文化资料。

(文/苏慎 何嫄)

  随后,我及时向市文管办通报西柳荡刘氏宗祠信息。巧的是,时任市文管办负责人正好对常州地区遗存的祠堂、戏楼感兴趣,准备把这些祠堂、戏楼群打包公布为文物保护单位,便让我把相关材料整理好交给他。

  我开心地打电话给苏慎和刘大元两位会长报喜,说事情办妥了,一切顺利。

  2013年4月15日,芙蓉西柳塘村刘氏宗祠被常州市人民政府公布为第六批常州市文物保护单位。

第一部分　文物保护纪实

余阙庙（卞庄庵）

2011年6月8日，我在人文常州网发表了一篇关于余阙庙（卞庄庵）的报道——

日前，在雕庄采菱卞庄村，发现一座基本保存完好的元代名人专祠——余阙庙，其建筑之精美，历史价值之高，受到常州文物专家的好评。

据了解，卞庄是大禹子孙余氏的聚居地。余氏是常州名门望族，自元末明初，元朝名臣余阙守安庆城，被陈友谅战败身亡后，余阙的儿子避难来常落户卞庄，至今已有650多年。余氏子孙耕读传家，人才辈出。洪武年间，明太祖朱元璋为表彰其忠义，特下令在江南常州卞庄、安徽安庆、武进东安等三地敕建纪念余氏专祠。据《毗陵余氏宗谱》记载："元末忠宣公余阙骞骞王臣，舍身取义，洵为一代之贤大夫也，至正九年为淮南宣蔚都元帅，分守安庆，御贼多方，中外倚以为重，十八年为陈友谅所陷，自到清水塘，亲属多以死难。元朝命旌公忠节，赐谥忠宣公。令有司建祠致祀，制以为典。春秋祀祭，显扬先烈，子孙世守弗替。"余阙庙巨石累累，翚栱兽环。传说祠内供奉大禹王圣像，明清两代，常州府官员在此祈福求雨……

余阙庙曾于清光绪七年（1881）由余氏子孙集资重修，后改称卞庄庵。卞庄庵占地约250平方米，原有三进数十间房屋，还有一座戏楼。目前，两进五开间的房屋尚存，尤其是第二进的两层楼屋，其封火墙形制独特，为常州少见，是常州优秀的古建筑。

当时，由于余阙庙（卞庄庵）所处地块将进行商业开发，有传言称

我与文物保护的那些事

余阙庙（卞庄庵）
头进平屋旧影

余阙庙（卞庄庵）
楼屋旧影

将拆除余阙庙(卞庄庵)，为此，余氏后人余忠良找到我，希望能帮助保护余阙庙(卞庄庵)。

我走进余阙庙(卞庄庵)，发现这所建筑外面长满了藤蔓植物，已经没有一个像样的大门，掉落的老旧瓦砖到处都是，庭院里的假山石也只剩下矮矮的一排。猫着腰进入屋内，发现却是别有洞天。阳光透过屋顶，整个屋子通透敞亮。马头墙、内部木质结构保存得都比较完整。依稀可见梁柱上的旧式雕花。房梁上至今还留有当时建造时所用的铜钉，中间最粗的一根梁上还有铜铸的装饰。而在墙角处，可见明代碑刻镶嵌其中。这些旧时所用的物件，在这座古建筑里都保存完好。

余氏后人余忠良称，因为余阙庙(卞庄庵)不属于文物保护类建

第一部分　文物保护纪实

筑，如今已被划入规划改造地块内，不日将遭到拆除。

于是，我把有关情况写成以上报道发表在人文常州网，由此引起了《扬子晚报》《现代快报》等媒体的介入，当时分管文物工作的常州市文广新局副局长周晓东接受《现代快报》记者葛小林采访时表示，目前该处是卞庄庵还是余阙庙暂无定论，但这不影响这处文物的价值。"前天，我们接到市民举报，声称卞庄庵遭到拆迁，文管人员和文物执法大队人员立刻赶到现场，对现场施工人员进行了制止和沟通，不允许他们对卞庄庵有所动作。"

余阙庙（卞庄庵）雕花大梁旧影

余阙庙（卞庄庵）内部木构旧影

周晓东表示，文管部门对该文物是原址修建还是异地重建，是很慎重的，也进行了专家论证，并将论证结果上报省文物部门，需要通过行政上的相关手续后，才能确认下一步的措施。"我们与天宁区相关领导联系，对该文物的态度是很坚定的，在任何手续没有到位前，卞庄庵不能动'一砖一瓦'。"常州市文广新局要求当地部门做好文物的保护工作，要安排专人在现场进行看管，以免发生文物被盗情况。

我与文物保护的那些事

我、余忠良、杨维忠、张秋生、张军等文保志愿者和葛小林、马奔等新闻媒体记者的共同呼吁,产生了很大影响。2012年10月,时任市长姚晓东就余阙庙(卞庄庵)保护和修缮工作一事,做出批示:"请建共、胡伟、建伟同志阅,文广新局牵头,安排相关同志调研一下,提出意见。"

有关部门根据姚晓东市长的批示,就余阙庙(卞庄庵)的保护和修缮问题进行了调研,并向社会公示将做好相关工作。常州市文物管理委员会挂牌余阙庙(卞庄庵)为一般不可移动文物。

而后至2015年5月,由常州市规划设计院规划师张文珺、沈澍主持了余阙庙(卞庄庵)的保护修缮规划,江苏天开景观工程有限公司主持了余阙庙(卞庄庵)的建筑修缮方案。

2016年6月24日,结合雕庄特色文化,移建修缮后的建筑物竣工开放。作为天宁区非遗项目展示馆、雕庄历史文化陈列馆,引进了常州宝卷、留青竹刻等非遗项目,是雕庄街道办事处面向社会免费开放的一个传承发展传统民俗文化、保护开发非物质文化遗产的专业性场馆。

该馆周一至周六面向市民免费开放,雕庄街道办事处每年制订计划,在场馆内举办民俗文化活动。为了进一步提升场馆的育人功能,雕庄街道办事处于2017年7月,将该馆提升为街道廉政教育示范基地"清园",此馆已经成为雕庄文化、雕庄廉政教育的一张名片,其作用与功能已经得到社会各界的认可。

作者为移建修缮后的余阙庙(卞庄庵)题写的抱柱联

第一部分　文物保护纪实

钱 一 本 墓

2011年11月26日,知名书法家陆林深书法艺术展在苏州光福美术馆举行,我有幸受邀参加开幕式。在大巴车上,张军向我透露了一个信息:

明代东林党党魁钱一本的墓园发现了,就在武进区太湖北岸的城湾山腹地,是一座明代中晚期高等级墓园,结构完整,规模宏大,占地8000余平方米。

墓园坐北朝南,依山势而建。遗迹单位由南向北依次为1对望柱、石牌坊、神道、泮池及石桥,4级圆形台阶,祭台,墓葬及挡墙。神道两侧分列3对石兽,1对石文官像,祭台前分列2处建筑基址。在墓园东部有墓舍,墓舍分多期建造。

墓园以神道为中轴线,各组成部分排列有序。整个墓园由南向北逐步升高,从墓园前的平地望去,显巍峨之势,是明代晚期社会经济及文化高度发展的体现。

可惜该墓园保不住了,当地开发太湖水榭山庄,要挖掘平掉。听罢,我陷入沉思。

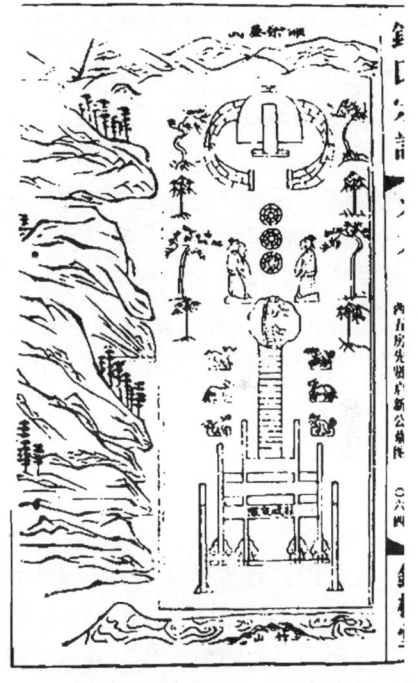

《钱氏宗谱》中的钱一本墓图

我与文物保护的那些事

钱一本（1546—1617），武进（今常州市武进区）人，字国端，号启新，明朝学者，东林党党魁。万历十一年（1583）进士，任庐陵知县，授福建道御史，曾劾江西巡按祝大舟，又劾张居正假

钱一本墓鸟瞰

圣旨以塞言路，因上《论相》《建储》二疏论政弊，触怒神宗，被削职为民。归筑经正堂，潜心六经及濂洛诸书，尤精于《易》，学者称启新先生。其学忌谈本体，以工夫为主。与顾宪成分主东林书院讲席，为"东林八君子"之一。天启初追赠太仆寺少卿。著有《像象管见》九卷、《像抄》六卷、《续像抄》二卷、《四圣一心录》六卷、《范衍》及《遁世编》等。其子钱春官至南京户部尚书。

这么一位大名人的墓园，假如在苏州、无锡等邻市，一定会得到妥善保护，可在常州却命运多舛，要连根挖掉，除之而后快，令人痛心哉。一路无语，到了苏州，我们仍无精打采。就在大家为钱一本墓担忧的时候，忽然，我眼睛一亮，看到了好友、文物保护卫士、著名作家丹青，他也来参加开幕式了。

我对张军说："钱一本墓有希望了，快跟我去见丹青。"

张军问："丹青是谁？"

我说："丹青是文物界泰斗罗哲文、谢辰生的弟子，他交友甚广，疾恶如仇，保护文物，侠肝义胆，在文物界，有口皆碑。"

到了丹青面前，我简要地把钱一本墓发现和即将破坏的情况跟他讲了。他很严肃地说："这怎么能拆，我打电话给×市长，让他们把

第一部分 文物保护纪实

钱一本墓牌坊石柱

工程停下来。"

他又问:"你有相关材料和联系人吗?过两天我亲自去常州看下。"

我立刻把张军介绍给了丹青,张军把武进区雪堰镇南山村委书记钱亚清、武进雪堰钱氏宗亲会负责人钱国铨的联系电话给了丹青。

没多久,丹青打电话给我,说此事解决了,武进方面答应钱一本墓不再破坏,原址保护。

2012年6月3日,从常州市武进区太湖湾明代墓葬陵园遗址考古成果专家论证会上获悉,经过半年的发掘和研究,这座墓园的主人被确认为明晚期东林党党魁钱一本,墓园有较高的文物价值。

随后,《中国文物报》《东南文化》《常州日报》等报刊争相报道:常州发现明代东林党党魁钱一本的墓地,引起文物界的轰动。

2013年4月15日,钱一本墓园被常州市人民政府公布为第六批常州市文物保护单位。

钱一本墓能保护下来,还要感谢常州电视台记者潘振,就在钱一本墓处于危急关头时,他深入一线进行报道,采访众多文物、文史专家和钱氏后人,并和余忠良、苏慎从史料上查找到了钱一本墓的记载,证实了墓主身份,为保护这处文物尽了自己的一份力。

我与文物保护的那些事

崔桥吴氏宗祠

2013年9月6日，戚墅堰实验小学吴志挺老师来我办公室告知，武进区横林镇崔桥吴家村吴氏宗祠保护完好，他们准备申报市文物保护单位、文物点或市历史建筑，知道我热心保护文物，而且与政府部门比较熟悉，因此盼望得到我的帮助。

受其邀请，第二天我前去考察，现场看到吴氏族人自费修复的两进六楹吴氏宗祠，古色古香，雕梁画栋，顿时

崔桥吴氏宗祠

第一部分 文物保护纪实

作者与沈建钢(左三)、薛焕炳(左四)、沈澍(后右)等考察崔桥吴氏宗祠

感慨不已。

一来,难得他们族人有文保意识;二来,吴氏宗祠修旧如旧,有文物价值。于是,我打电话给时任常州市政协文史委主任沈建钢。其时,沈主任正在进行吴季子课题研究,他听说常州地区还有始建于清雍正年间、至今保存完好的吴氏宗祠,内有吴季子殿,而且首次发现,也十分重视,2013年9月13日,亲自带队赴崔桥吴家村考察。沈主任以及薛焕炳、沈澍等专家经调研后,一致同意推动吴氏宗祠申报市文保单位、文物点或历史建筑。

考察回来后,沈主任和我去拜会了当时分管文物工作的常州市文广新局副局长周晓东。他曾经担任过常州市社科联副主席,是我们文博鉴赏学会的老领导,看到我们,很是热情,也很支持我们的申报工作。

2014年4月20日,沈主任让我帮吴氏宗亲代写申报文保单位的报告,由他转交文广新局、建设局、规划局等相关部门。我奋笔疾

我与文物保护的那些事

书,完成任务,报告署名横林镇崔桥吴家村全体吴氏族人(具体内容见后面我提交的市政协提案,该提案2017年被常州市政协列为第十四届一次会议第0073号提案)。

之后,我们分工协作,促成此事:

2014年11月、2016年12月,沈主任分别在常州市政协文史委编辑、其主编出版的《延陵季子史料集(修订稿)》《季札的故事》两本书中,再次提及吴氏宗祠,图文并茂地介绍了横林镇崔桥吴氏宗祠,让大家,尤其让相关政府部门领导,了解了吴氏宗祠的历史。

2017年2月,常州两会召开期间,我以常州市政协委员的身份,提交了《关于将吴季子祠(吴氏宗祠)列入文物点保护的建议》提案。5月26日,得到了武进区人民政府的回复,"希望吴氏族人能保护好吴氏宗祠,并抓住机会,积极申报,争取成功"。

转眼到了2018年初,第七批常州市文物保护单位申报工作启动。得知消息后,我们去市文保中心领取了申报表格,约定由沈主任去常州市文广新局办理相关手续,请副局长周晓东审批;我去辖地武进区文广新局办理相关手续。时任武进区文广新局局长范正洪、副局长周晓东、文保科负责人黄建峰看到我后,热情接待,积极支持,立刻盖章,表示同意。

2018年3月25日,崔桥吴氏宗祠被常州市人民政府公布为第七批常州市文物保护单位。这也是常州地区为数不多的纪念吴季子的古建筑。它能保护下来,对常州名人研究有着重要意义。

第一部分 文物保护纪实

崇真女校旧址

2015年5月某天的6点左右,我还在睡梦中,突然接到一个电话:"小包,你好,你知道崇真女校吗?无锡市城市建设档案馆打电话来了解情况,这座建筑是民国时期无锡著名建筑设计师江应麟设计的,他们想来常州看看。"原来是常州市城市建设档案馆老馆长陆志刚的电话。

我说:"陆馆长早!崇真女校我是知道的,就位于北大街鸣珂巷,在今天的鸣珂巷幼儿园中,但不知道还有遗存在否,我一会儿去看看。"

崇真女校旧址旧影

我赶紧起身,去寻找崇真女校。

来到鸣珂巷幼儿园,我顿时心凉了半截,放眼望去,全是新大楼,哪有什么古建筑?

但是,我想既然来了,就问下幼儿园门卫吧。

可是门卫根本不知道什么崇真女校,于是我问:"园内有老房子吗?"

"有,"门卫讲,"就在新大楼的边上。"

我与文物保护的那些事

我欣喜万分,赶紧跑到新大楼旁边一看,一座民国楼房映入眼帘,这座大楼虽然历经数十年风霜,但保存完好。

大楼共两层,红漆地板,还有地下室,建筑气势不凡,别有特色。

按捺不住心中的欣喜,我立刻打电话给陆馆长报喜:"找到崇真女校了,还有遗存在,老大楼保存完好。"

陆馆长又让我跟无锡市城市建设档案馆馆长张振强联系。

据无锡市城市建设档案馆张馆长告知:江应麟(1900—1988),与江祥麟、江一麟兄弟并称无锡"江氏三杰",他们合作创办了无锡实业建筑事务所和无锡实业中学。无锡的多座近代优秀建筑,如梁溪饭店、茂新面粉厂、缪公馆等都出自"江氏三杰"之手。

打完电话,接着我又打电话给常州市规划设计院规划师张文珺和沈澍。

隔天,他们来看后大为惊叹,说:"这处建筑如果只申报历史建筑就太可惜了,完全够格申报文物保护单位。"

他们立即与市文保中心副主任瞿小佩联系。

瞿小佩过几天来现场看了,感到其建筑精美,是民国建筑的代表作,立刻同意申报文物保护单位。

据相关史料记载,清宣统元年(1909),美国基督教会在常州市中心的北直街开办崇真中西女校,校长为美国人罗淑君女士。

1923年,因崇真女校声名鹊起,原校舍捉襟见肘。遂购得鸣珂巷陈家园地块,邀请江应麟设计,建造曲尺形房屋数十间,同时建有罗淑君女士花园小洋房住宅一座,占地面积144平方米。新校落成之际,改名私立崇真女校,并在校内增办幼稚园,是为鸣珂巷幼儿园之前身。当时的武进县知事姚绍枝捐资建筑阴雨操场供学生雨天活动,罗淑君以她的两个女儿"贞""萱"二人的名字命名为"贞萱堂"作为纪念。

学校培养了许多人才,吴静焘烈士曾就读于该校。

1927年,崇真女校改名为崇真小学。

1948年,崇真学校迎来40周年校庆。蒋介石、蒋经国、李宗仁等民国政要,均为校庆题词。蒋介石题为"亲爱精诚",蒋经国题为"清清白白的做人,实实在在的做事",学校影响可见一斑。

1952年9月,学校改为常州市鸣珂巷小学。

1953年3月7日,学校正式被命名为常州市鸣珂巷幼儿园,成为市教育局唯一的直属公办幼儿园。

崇真女校旧址的存在,是这座幼儿园历史悠久的见证。

此外,崇真女校作为坚持不懈教书育人的基地,在抗日战争时期见证了中华民族坚韧不屈的抗战精神,是常州地区现存为数不多的和抗战有关的标志性建筑,是不可再生的文化遗产。

2018年3月25日,崇真女校旧址等14处建筑被常州市人民政府公布为第七批常州市文物保护单位。

2021年7月,崇真女校旧址修缮工程正式启动。10月,修缮工程竣工,建筑外立面恢复历史原貌。

我们为无意间却有心保护了崇真女校旧址而感到高兴。

修缮后的崇真女校旧址

我与文物保护的那些事

周 有 光 宅

2017年1月14日晚上,惊悉常州籍著名语言学家、常州市名人研究会顾问周有光先生去世的消息,我怎么也不敢相信,连忙打电话向北京的好友们证实。在确认了这个噩耗后,我不禁黯然泪下,伤心不已,夜不成寐,回忆起与周老交往的点点滴滴,恍若昨日。

我与周老是忘年交,周老生于晚清的1906年,经过整个一个世纪零十二年,在他度过了112岁生日之后的第一天,离开了这个他曾经生活的世界。周老早年任职于文字改革委员会,即今天的国家语言文字工作委员会,曾参与汉语拼音方案的设计,因此被誉为"汉语拼音之父"。

在2011年之前,我就仰慕周老已久,惜无缘结识。不过我与周老有段缘分,就是2003年我参与保护了礼和堂(周有光宅,详情参阅《唐荆川宅》一文)。2008年常州市人民政府公布第一批常州市市区历史建筑,市规划部门在新闻媒体上征集信息时,我曾经通过时任常州市城市建设档案馆馆长陆志刚向常州市规划设计院规

周有光宅门厅旧影

第一部分 文物保护纪实

划师张文珺和沈澍推荐其旧居(老礼和堂)列入名单,后通过常州市规划局组织专家审定,经常州市人民政府公布为历史建筑。在我和陆志刚、徐伯元于2011年合作出版的《常州历史建筑》一书中,详细介绍了周老的事迹和旧居(老礼和堂)情况。

之后,恰逢2011年,我担任主席的常州市名人研究会换届,学会主席团会议拟聘请这位德高望重、影响深远的常州乡贤担任学会顾问。在热心朋友范炎培、潘再生等先生的引荐下,与周老

周有光宅内院旧影

的保姆小田、小徐联系后,我于当年11月29日前往北京拜访周老。

在北京东城区后拐棒胡同国家语言文字工作委员会家属楼的三楼,终于见到了这位享有盛誉的常州籍国宝级的老专家。

保姆开门后,先拿出了一本会客登记本,我工工整整写上了名字、工作单位和电话号码。保姆说:"爷爷听说家乡来客人,很开心,等你已久。"

我来到客厅,只见在堆满图书的书架前,坐了一位慈祥的老人,精神矍铄,鹤发童颜,一派仙风道骨。他见了我,和蔼地问:"你就是常州市名人研究会主席包立本吧?我听朋友们介绍了,你才40岁不到,出了那么多成果,写了那么多书,真是后生可畏、年轻有为呀!"

我说:"哪里,哪里。我今天是向周老您请教学习来的。"周老又问:"你出生在常州哪里?""乌龙庵,"我说,"就在局前街老市政府的

我与文物保护的那些事

后面。"周老说:"噢,那里解放前是武进县衙的所在地。离我出生地青果巷不远,我们可以算老城区的邻居了。青果巷有意思,瞿秋白、赵元任、我都住在青果巷,我们三个人都搞文字改革。瞿秋白家很穷,租人家的房子住。赵元任家的房子叫八桂堂(注:应为湛贻堂)。我们家的房子叫礼和堂。我们家的房子是明朝造的,了不起,很旧了也不能拆掉,旁边就造一座新的房子,连在一起,房子有好几进。我们住在新房子里,旧房子租给人家。我们家在运河边上,前门在路上,后门在水边。我们住在河的北面,我要过了河去上学,河没有桥,只有由船连起来的渡桥,人在船上走过去。大船来的时候,摆渡船就分开,叫开渡,大船过去之后再合起来,人又可以走来走去……"

周老讲起过去的事,记忆犹新,滔滔不绝,心情极佳。我怕周老累了,赶紧说:"周老您是常州的骄傲,也是全国的骄傲,今天我来是想聘请周老担任常州市名人研究会顾问。"周老谦虚地说:"不敢当呀,不过家乡有什么需要我尽力的,我义不容辞。"我敬奉上了聘书,和周老合了影,并将我编写的《人文常州》《常州名人故居》等书刊请周老

《周有光传》书影

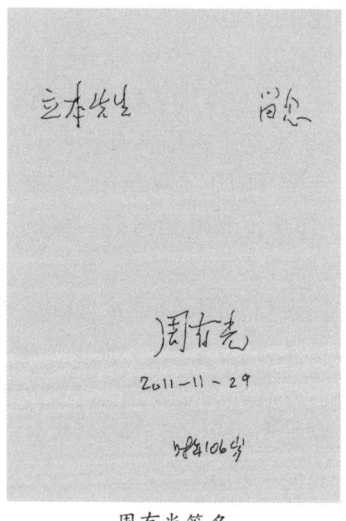

周有光签名

第一部分 文物保护纪实

教正。周老翻开了《常州名人故居》，他看到了他儿时住过的老礼和堂彩色图片，激动地说："是的，是的，没有变，太好了！"

周老开心地回赠了我一本《汉语拼音之父——周有光传》。我心想：如果周老能写点勉励的句子就更好了。于是我把想法和周老讲述，周老一口应允。他拿起笔在扉页上写下了"立本先生留念 周有光 2011-11-29 时年106岁"，又在书后白页上写了"常州市名人研究会惠存 继往开来 周有光 2011-11-29 时年106岁"，说："我希望常州市名人研究会继往开来，多出成果，另外同仁们眼光要高，要从世界看国家，不从国家看世界。"

我抱着书，鞠着躬，感激地说："谢谢！我们一定不辜负您的期盼！"然后和周老作揖，告辞而归。之后，又因为各种原因，数年间先后10多次去拜访周老，我们越聊越投缘，越聊越亲近，于是慢慢成了忘年交。

2015年，江苏理工学院筹建常州市名人研究院，委任我为副院长，2月3—4日间，我和时任江苏理工学院副校长周兰珍、时任江苏理工学院人文学院院长陈晓雪、时任常州市政协文史委主任沈建钢拜访北京的常州籍名人，征集名人手迹和资料，先后去了著名文物专家谢辰生、著名诗人屠岸、著名党史研究专家钱听涛、著名作家包立民等京城名人府上，同时也想去拜访周老，但听周老的表弟屠岸介绍，周老身体欠安，正在住院，所以没有成行。出于礼貌，我打了一个电话给周老的保姆，问候周老，没想到这是最后一次与周老的缘分了，之后由于我工作繁忙，加上听说自周老儿子晓平去世后，他情绪不稳定，健康情况不佳，我怕打扰周老休息，从此再也没有与周老联系。一年以后的2017年1月14日，周老离开了这个世界，闻此噩耗后，我打电话给周老保姆，代表常州市名人研究会表示沉痛悼念。

在市领导们的重视下，在多方的关注下，同时也在我的呼吁下，2013年4月15日，周有光宅再次被常州市人民政府公布为第六批常州市文物保护单位。

夏家大院

2019年12月16日,市级文物保护单位夏家大院修复专家认证会议在晋陵建设发展有限公司会议室召开。会上,作为专家组成员的我,提出期盼在夏家大院修复中,能恢复中吴首社土地堂和戏楼的建议,得到了专家组组长邵志强和其他与会专家的一致认同。

同时,我讲述了夏家大院、中吴首社土地堂、戏楼

夏家大院旧影

第一部分 文物保护纪实

的历史,以及当年保护的经过——

2004年11月18日,常州市文博鉴赏学会在广化桥南堍华东收藏品市场召开座谈会。座谈中我闲谈到常武地区现存戏楼是常州古建筑一大特色,市区仅存阳湖城隍庙戏楼、杨氏家庭戏楼等几座戏楼,为数不多。夏星南插话说,西直街锁桥堍土地堂还保存有一座唱社戏的古戏楼,却鲜为人知。

于是,会后我立即租一辆面包车前往考察,同去者有夏星南、朱达明、潘茂、吴之光、徐伯元、贺忠贤、张俊彦等文博专家。到现场后,大家先进庙堂登上戏楼,尽管几十年来这里已废为民居、住了居民,但楼梯、护栏、板壁、戏台陈迹依旧。

大家走出庙门,端详大门口一对青石雕花门礅石、罗砖砌的门框及门楼正中阳刻"中吴首社"四个大字砖雕,整座门楼完好无损。大家纷纷赞叹:"在市区大运河畔,东有琢初桥畔之阳湖城隍庙戏楼,西有锁桥畔之土地堂中吴首社戏楼,十分珍贵,极具有文物价值。"

夏星南向大家介绍,中吴首社土地堂系供奉的土地神,大概于清光绪三十一年(1905)左右,由其祖父夏秉钧出资从可庵弄西首移建而来,它与其家族夏家大院有关系。

当年,夏秉钧从常州府江阴县夏港镇伴同祖母仅随身携带两床被服到西直街落脚谋生,先到布行学徒,后从事土布生意,创立常州西门首家广润

中吴首社土地堂戏楼旧影

我与文物保护的那些事

昌布号及阴丹士林牌商标,畅销苏、浙、皖周边各乡镇,夏秉钧也成为常州屈指可数的商业大户。他从艰辛创业到置地建宅,始兴建夏家大院,并移建中吴首社土地堂。

夏家大院前后共六进院落,是分两次(1903—1907)建成而连成一体的,而夏家大院第五进与第六进的部分地块上原有一座中吴首社土地堂,并与可庵弄东首的可庵庙是相隔并列的,均坐南朝北。夏秉钧之所以要出资把中吴首社土地堂搬迁,一是由于庙宇年久失修,残破不堪,香火不旺;二是希望得到神灵庇佑;三是夏秉钧还想要再续建第五进、第六进夏家大院,与第一进至第四进连成一体,所以他把中吴首社土地堂移建到锁桥东堍。夏秉钧在移建中吴首社土地堂的同时,在原土地堂地块基础上又向东,主要是向西扩大置地面积,建造有东、西、北三面封火墙的祖先堂,五进、六进五开间的院落,以及在临北封火墙处叠砌一座小巧玲珑别致的假山庭园金鱼池。祖先堂、五进、六进明间是六扇精致的徽派花槅子落地长窗门。在临五进、六进西首又建有大厨房、小厨房、柴屋、后花园等,同时在大厨房后天井挖一口水井,井栏圈呈八角形,青石制成,井栏圈外侧八面刻凿有"夏玉树堂丁未年(1907)立"字样。六进院落具有典型的清晚期江南民居风格,距今已有100余年历史。

随后,我向市文管办通报信息,市文管办领导得知常州还有一座保存完好的清代中吴首社土地堂戏楼,是夏家大院的重要组成建筑,很感兴趣,让我把相关材料整理给他,准备适时公布为文物保护单位。

可惜的是,大约在2010年左右,住在戏楼的住户被开发商另行安置住房,安阳里改造拆迁办把土地堂全部夷为平地。当拆戏楼及砖雕门楼时,我和市文管办瞿小佩赶去阻止拆迁,遗憾的是市文管办没有执法权,虽苦苦阻拦,最终还是未果。

所幸在我和众多专家的共同呼吁下,在《常州日报》《常州晚报》等媒体的积极报道下,常州市文广新局领导、常州市文保中心专家多

第一部分　文物保护纪实

次前来夏家大院考察调研,引起常州市、钟楼区两级政府的重视和关注。2013年4月15日,夏家大院被常州市人民政府公布为第六批常州市文物保护单位。

修缮后的夏家大院（顾晔麟摄）

我与文物保护的那些事

盛宣怀故居盛氏拙园义庄

2022年1月28日《常州日报》刊登了青果巷大马园巷盛宣怀故居修缮完工的报道——

记者27日获悉,盛宣怀故居本体修缮顺利完成,从年初一开始,市民游客可以走进这里,循着这位"中国实业之父"的人生轨迹触摸历史,感知常州老城厢的名人文化。

盛宣怀故居位于钟楼区大马园巷18号,2006年6月被列为第六批江苏省文物保护单位。作为中国近代工商业的开拓者,盛宣怀在教育、实业、慈善等多个领域均有建树,被誉为"中国实业之父""中国商父",一生创造了近代11项"中国第一"。

常州作为盛宣怀的出生地,其故居是常州的标志性文物遗产,现

大马园巷盛宣怀故居修复效果图

大马园巷盛宣怀故居修复前鸟瞰

第一部分　文物保护纪实

存的三进宅院大木构架形制完整,小木雕刻、砖细墀头、屋脊样式等造型独特、图案精美,充分反映了常州地区晚清传统的民居风貌,对于研究常州地区传统民居的工艺水平有重要价值。

修缮中的大马园巷盛宣怀故居

据介绍,2020年7月,盛宣怀故居修缮工作全面启动,修缮工作坚持"真实性、整体性、可认别性、安全使用"原则,屋顶整修、木构件修复和更换、墙面修缮等工程,都尽可能采用传统材料和工艺,最大限度保留原有建筑历史风貌。修缮后的盛宣怀故居,不管是从梁柱、门窗、墙体还是屋脊瓦片,都能找到过去的痕迹,是岁月变迁最好的见证。

除了做好本体修缮工作,盛宣怀故居还精心布置了陈列展览。主要展示区域在故居本体部分:西路三进,分别展示三部分内容,第一进主题为非常之世,展现盛宣怀所处之时代背景;第二进主题为非常之事,展现盛宣怀创造的11个"中国第一";第三进主题为非常之人,展现盛宣怀及与名人之间的关系。东路最北侧一进主题为非常之氏,展现盛氏家族及代表人物。

盛宣怀故居从2月1日起对市民免费开放,每日开放时间为9:00—16:00,周一闭馆。

(文/郑雨露)

我与文物保护的那些事

我看完报道,想起当年保护盛宣怀故居盛氏拙园义庄及碑刻的经历,不禁感慨万分。

常州盛宣怀故居原有4处:盛家湾盛宣怀出生地、鲜鱼巷盛宅、铁市巷36号盛氏拙园义庄和大马园巷18号盛宅。

盛家湾盛宣怀出生地因20世纪80年代市锻造厂扩建被拆,鲜鱼巷盛宅八进102间因20世纪90年代初准备建造东方大厦被拆。到2003年为止,仅存大马园巷18号盛宅和铁市巷36号盛氏拙园义庄。

2003年,西瀛里地块拆迁开始,铁市巷36号盛氏拙园义庄也在拆迁范围,令人痛心。

我到市文管办反映情况,市文管办负责人让我密切关注。

于是我有时间了就去附近走访,并跟民工们聊天,递香烟给他们,说:假如拆到老的碑刻、木雕等我可以花重金收

盛氏拙园义庄砖雕门楼旧影

盛氏拙园义庄旧影

第一部分 文物保护纪实

陈列在大马园巷盛宣怀故居的"拙园义庄"碑刻

购。

2005年5月13日,西瀛里地块负责拆迁铁市巷的沈姓民工头儿突然打电话给我,说拆到了一批十几块碑刻,问我要不要,开价10000元。

我前去一看,惊呆了,居然是清代盛宣怀家族"盛氏拙园义庄"碑刻14块、清代"勒石永遵"碑刻1块。

我转身赶紧打电话给市文管办负责人,他让瞿小佩、陈伟堂去处理此事。

瞿小佩、陈伟堂到了现场,亮出身份,拆迁民工不饶不依,坚决不肯将碑刻上交市文管办,并扬言这是他们交钱承包拆到的,市长来了也要给钱,不给钱别想拿走。

陈伟堂无奈,只得去南大街派出所报案,好在派出所所长支持文保工作,立即派了3位干警赶到现场,跟民工们讲,文物都是国家的,不准买卖,否则要坐牢。然后让他们拉到常州博物馆仓库。

看到好事被搅黄了,民工们脸都气红了,恶狠狠地望着陈伟堂,恨不得要打他。

民工们不肯拉,提出要运费600元,我跟瞿小佩使了个眼色,然

我与文物保护的那些事

后对他说:我是过路人,这些民工兄弟是我朋友,他们也不容易,这样吧,600元运费我出了,辛苦民工兄弟们跑一趟了。

我们一人唱红脸一人唱白脸,沈姓民工头儿无奈,只得说,看在老包的面子,我们派人运过去。

时间到了2021年,大马园巷18号盛宅修缮完毕并开始布展。

其间,江苏晋陵文化旅游发展有限公司党总支书记、常州青果巷历史文化研究院执行院长苏刚向常州市文广旅局党组成员、总工程师田海明建议:在常州能找到的盛家老物件都要放到盛宣怀故居,增加展品的分量。

一是保管在常州市文保中心仓库里的14块"盛氏拙园义庄"碑刻,经过常州市文广旅局协调放在了盛宣怀故居;二是通过常州市文保中心吴冬冬了解到"常州保节保婴总局"碑刻在常州艺术高等职业学校(保节保婴总局由地方乡绅姚彦森、盛康等创立),经过常州市文广旅局协调,苏刚到常州艺术高等职业学校拜访高慰校长,看到了断成两段的"常州保节保婴总局"碑刻,经过沟通,高慰、熊伟忠等校领导开会讨论,同意提供给盛宣怀故居,目前此碑已经修复并安装在故居第二进"慈善"板块。

虽然,最终盛宣怀故居盛氏拙园义庄未能保护下来,但我们保护了"盛氏拙园义庄"碑刻,也算为大马园巷盛宣怀故居修复、布展做了一点儿贡献。

第一部分　文物保护纪实

西林老街

2018年初，我听到西林老街即将拆除的消息，感到十分震惊和惋惜，因为西林老街的历史文化内涵太丰富了。

这里有"《中国大百科全书》之父"、著名翻译家、上海外国语大学前身上海俄文学校首任校长姜椿芳的故居，以及许多珍贵的历史文化遗存。位于西林街道东岱村委的登云桥，始建于清康熙十年(1671)，重建于1920年，2011年1月5日，被常州市人民政府公布为第五批常州市文物保护单位。

姜椿芳(1912—1987)出生于西林，在西横林206号这栋低矮的平房内度过了自己的少年时期。1928年，16岁的姜椿芳随父母前往

西林老街

我与文物保护的那些事

哈尔滨谋生,并于 1932 年加入中国共产党。1936 年,姜椿芳在上海任中共上海局文委文化总支部书记、《时代》周刊主编。新中国成立后,姜椿芳参与创办上海俄

作者在姜椿芳故居

文学校并担任党委书记、校长,领导并参与了《马恩全集》《列宁全集》《毛泽东选集》等翻译编辑工作。1978 年出任《中国大百科全书》总编委员会副主任、大百科全书出版社总编辑。在双眼几近失明的情况下,他依然拿着放大镜编写《中国大百科全书》。幼年贫困的生活铸就了他勤奋好学的品质,西林的水土也同样养育了他坚韧无私的精神。

为了弘扬姜椿芳精神、宣传姜椿芳事迹,早在 2008 年,我和王其方、王燕波、王春波等共同发起成立了常州市名人研究会姜椿芳研究分会。

西横林 172 号是一家有着几十年历史的裁缝铺,店主夫妇早已到了含饴弄孙的年纪,却在老邻居和老顾客的声声挽留下选择留在老街,继续经营这间小小的裁缝铺。

一条童子河将老街分成两段,桥东是菜场集市,桥西是温暖小家。桥东菜市场内老旧的店铺内摆满了新鲜的瓜果蔬菜,有人拎着袋子,有人拉着小推车,来来回回穿行在菜场,挑挑拣拣,只为寻找合适的食材。

桥西保留着许多常州传统青砖灰瓦的老房子,街巷两侧的老旧

第一部分　文物保护纪实

楼房,历经岁月沧桑风雨的洗礼呈现自然的斑驳。墙面经多年风吹雨打,已是斑驳,不再平整;木门紧锁,被厚厚的灰覆盖着,略显萧瑟。百年来,数不清的会馆、旅店、饭庄、票号、邮局、药铺等相继在老街生长与消逝,许多旧址诉说着昔日的繁盛。

西林老街曾被当地居民戏称为西林的"南大街",可见其旧时的热闹。尽管时过境迁,昔日的辉煌不再,但老街"逢三逢八赶集"的传统仍保留着。每逢赶集日,不算宽敞的老街两边都被摆摊的居民占据,卖布匹的、卖农产品的,甚至还有老式的街头理发师,从来往不绝的行人中,依稀可以看出从前老街的繁荣。

如果西林老街拆除,将是常州历史文化的一大损失。

此刻,恰好常州两会召开在即,作为常州市政协委员的我,提交了常州市政协第十四届二次会议第0212号提案《关于保护西横林人文历史的建议》。

提案共4条建议:

一是顺应时代要求,规划为先,保护、改造西林老街,造福民生安居。从文化、水利、危旧房改造方面,建议运用"武进三块地"的思路,来拓展老街的规划思路。将钟楼区童子河的规划布局为皇粮浜公园—西林老街—东岱老街—北港老街改造—钟楼新城,形成"新旧新"的格局。

二是通过把西横林打造成童子河上具有乡愁文化、非遗特色的休闲长廊空间,再创一个"西横林"乡愁文化品牌(西林人创建了"凌家塘"的市场品牌),成为钟楼区童子河文化贯通古运河、南运河的一个重要环节。

三是修复"《中国大百科全书》之父"姜椿芳的故居,作为西横林人文历史馆和名人馆。

四是妥善安排芝麻糖、寸金糖、浇切片等传统食品生产企业,使其不至于脱离原产地,失去非遗项目的原有氛围。

经多方协调、反复沟通、再三要求,钟楼区有关部门答应西林老

我与文物保护的那些事

街拆迁暂缓。

2018年3月15日,钟楼区教育文体局负责人上门回复:目前,因西横林老街保护修复还未列入城市建设规划,西林街道尚不具备保护、修缮、利用这一古老街区的资质和经济实力,现在以及对照《常州市市区历史建筑合理利用管理办法(征求意见稿)》中关于"历史建筑利用主体、利用方式要求、管理部门"等条款内容,争取市区规划局到西横林老街实地勘察,把西林老街定位纳入新一轮控规编制中。

之后,杨维忠在市信访局信箱中,也提交了相关内容的人民建议。钟楼区文化体育和旅游局回复:杨维忠同志:您好!您向常州市信访局反映的信访事项已转钟楼区文体旅局收悉,我局会同属地街道进行了调查核实,现将有关调查情况回复如下:一、姜椿芳故居现状。姜椿芳故居位于常州市钟楼区西横林206号(西林老街内),现在的房主叫姜兴良,房主父辈在70年代购买了此处的房子,现属于出租状态,居住了3户外地人,他们不常住,家中很少有人。老房子分前后院,前面只有一间一层,后院是两开间,二层楼。房子买了以后建造了后院的二层楼,前院大体没动。目前,该处建筑没有纳入文物保护范围。二、属地街道推进姜椿芳故居保护开发的工作举措。近年来,属地街道西林街道高度重视对姜椿芳故居周边西林老街区域内资源的保护与开发,多次邀请相关单位、人大代表、政协委员开展座谈调研,明晰保护、开发、利用的思路。因该区域属于城西地区开发改造范围,目前该地区还未列入城市建设规划,街道尚不具备保护、修缮、利用这一古老街区的资质和经济实力。后续西林街道将积极对接市、区相关部门,力争早日启动该区域的综合开发改造,进一步保护开发好姜椿芳故居。同时,钟楼区文体旅局将会同西林街道,依托姜椿芳的名人文化资源,打造"椿芳"文化品牌,建设"椿芳书苑",弘扬"椿芳精神",讲好"椿芳故事",充分放大姜椿芳的名人文化效应,为我市建设"五大明星城"再添新亮点。

2019年,第八批常州市文物保护单位候选名录论证会议上,文化、建设、规划等部门协商产生了16处常州市文物保护单位候选名单(正式公布为21处)和15处常州市一般不可移动文物推荐名单,姜椿芳故居位列常州市一般不可移动文物推荐名单中近现代重要史迹及代表性建筑第1号。但最终因涉及常州市一般不可移动文物该由市文化部门公布还是由区文化部门公布的缘故,还是不了了之。

为此,我继续奔波,到处呼吁,建议保护西林老街以及姜椿芳故居。

直到2021年4月16日,常州市政府采购网刊登了西林历史文化街区保护策划方案编制项目竞争性磋商公告,4月28日,成交结果公告,由常州市规划设计院负责编制保护策划方案。我得知了西林老街不再拆迁,将列入历史文化街区加以保护的好消息。

2022年7月,历经4年后,我提交的常州市政协提案的第四条建议终于实施——西林老街人文历史保护措施之一的芝麻糖非遗馆开建了!

据悉,非遗科技大观园由常州西林康王食品科技有限公司投资8000万元建设,总用地面积5447平方米,将建设12364平方米高科技生产车间及寓教于乐的非遗体验场馆和大课堂等。常州市资规局、常州市农业农村局和钟楼区委、区政府及西林街道多次现场办公,为推进建设助力。项目建成后,企业将进一步集传统非遗制作技艺和历史文化展示游学、规模化生产、新产品及工艺研发、电子商务平台等多功能于一体,投产后可年产康王系列食品1500吨,实现产值3000万元,纳税200万元,年接待游客6000人次。

西林老街终于得到了全面保护。

我与文物保护的那些事

牛塘老街

2021年1月28日，常州市文博鉴赏学会会员、武进牛塘武馆馆长王成军约我去牛塘老街踏勘。他说，牛塘老街有许多古建筑，比如孙宅、何宅、张宅、许宅等一般不可移动文物、历史建筑，还有明代广惠行庙石牌坊构件、清末民初方家保元堂药店等历史遗存，均保护完好，有较高的历史价值和文物价值。

在老街现场，保元堂药店后人热情地向我介绍了老街古建筑的历史和相关情况。

作者、王成军(左)、童建林(右)在牛塘老街拆迁现场

为此，我打电话给常州市规划设计院规划师沈澍，建议保护好老街，并建议将广惠行庙石牌坊构件、方家保元堂药店等公布为历史建筑，但是得到了一个不好的消息：江苏理工学院异地新建，牛塘老街要整体拆除。

2021年8月18日，牛塘老街拆迁通知果然下达，而且推土机很

第一部分 文物保护纪实

快进驻拆迁工地，许多传统建筑被拆，一片断垣残壁景象，令人痛心不已。

这是自2015年常州被国务院公布为国家历史文化名城以来，第一次大规模拆迁古镇老街的行为。

保护文物，十万火急。于是，我联络了薛焕炳、杨维忠等一批文保热心人士，分工协作，共同努力，留住文脉，保护老街。

一、通过市长信箱呼吁保护牛塘老街

由我提供资料，杨维忠撰文，薛焕炳和我修改的人民来信《江苏理工异地新建为何要伤害牛塘老街区？》，由杨维忠投到市长信箱。

第一次人民来信是投给分管武进的副市长，结果是牛塘镇政府的回复。为此杨维忠再次发给盛蕾代市长，很快得到常州市文广旅局的积极答复。

人民来信的具体内容为——

京杭大运河有一条支流——南运河，据南宋《咸淳毗陵志》记载，"游塘桥在县西南十八里，跨西蠡河，直广惠行庙"，"广惠行庙在县南水门外游塘村"。牛塘桥饱经沧桑，明清时期几经战火，数次被毁之后又重建。20世纪80年代，由于航运发展，牛塘桥的桥洞大小不足以保障来往船只正常通行，最终牛塘桥于1984年5月12日被拆毁。

据牛塘老街居民反映，近来有一批不愿说明身份的工作人员拿着一张牛塘镇政府的《房屋丈量通知》，在此挨家挨户丈量房屋，据说是按照常州市、武进区政府加快推进江苏理工学院异地新建项目的要求，决定实施常州苏南运河东龙路片区城市更新项目，为此进行丈量、评估等搬迁前期调查工作。

对此，当地居民十分不满，认为此地距离江苏理工学院异地新建项目甚远，且其公示的规划图上根本没有这样的搬迁项目，怀疑是"搭车拆迁"。

另据本市文保专家现场考察，目前沿南运河边的牛塘老街，虽然陈旧，却也是黛瓦灰墙，独具风韵，行走在巷子中，也能体会几分古朴

我与文物保护的那些事

拆除中的许宅

幽静。毕竟牛塘老街在过去曾经是牛塘镇的中心,邮电局、中心小学、广播站、牛塘饭店都坐落于此。在牛塘老街的众多老房子中,有两栋老房子特别引人注目,分别是清末民初时期修建的何宅、许宅(已经列入一般不可移动文物保护名录)。这两处住宅正是清末民初这两个时期具有代表性的建筑物,类似的还有如保元堂药店等一批历经沧桑的历史建筑依旧保持着当年的模样,在目前常州武进地区尚属保存较好、具有保护价值的历史建筑、古民居、老街区。

近日中办、国办在《关于在城乡建设中加强历史文化保护传承的意见》中要求:"严格拆除管理。在城市更新中禁止大拆大建、拆真建假、以假乱真,不破坏地形地貌、不砍老树,不破坏传统风貌,不随意改变或侵占河湖水系,不随意更改老地名。切实保护能够体现城市特定发展阶段、反映重要历史事件、凝聚社会公众情感记忆的既有建筑,不随意拆除具有保护价值的老建筑、古民居。"

因此,像牛塘老街这样具有保护价值的老建筑、古民居和老街区,怎能在江苏理工异地新建项目中受到伤害呢?

武进区牛塘镇人民政府2021年9月17日答复如下——

杨维忠先生:您向常州市市长信箱反映的信访事项,根据"属地管理、分级负责"和"谁主管、谁负责"的原则,已交由我单位调查处理,现将有关情况回复如下:按照常州市人民政府、武进区人民政府关于加快推进江苏理工学院异地新建项目的要求,牛塘镇在收到常州市武进区拆迁建设安置工作指挥部《关于下达征迁项目实施任务的通知》后启动了常州苏南运河东龙路片区城市更新项目(江理工异地新建)工作,牛塘老街在本次拆迁红线图内。在丈量、评估等搬迁前期调查工作中,未有老街居民对此次搬迁工作表示不满。涉及的许氏宅和何氏宅,政府会根据相关文物保护规定,做好妥善处置。十分感谢杨先生对我镇城建工作的关心,希望今后一如既往地支持我们的工作。特此回复。

常州市文化广电和旅游局2021年9月22日答复如下——

杨维忠先生:收到您关于《有关牛塘老街值得保留的建议》来信后,我局立即安排专人赴牛塘老街进行现场踏勘。牛塘老街紧邻京杭大运河重要支流南运河,至今仍保留有一批清至民国的传统建筑,具有一定的历史文化底蕴。下一步我们将对接有关部门,了解周边建设规划,加强牛塘老街内的不可移动文物保护工作。您在来信中提到的牌坊柱等遗存,我们将予以关注并将此情况告知属地,推动开展遗存价值研究和保护工作。最后,再次感谢您对常州文物保护工作的关心和支持。

二、在"今日头条"公众号上倡议保护牛塘老街

该呼吁得到了"蔷薇看中国"等网友的呼应,2021年9月27日,她在头条上刊发了《常州牛塘古镇老街必须得到保护和修缮》,文曰——

京杭大运河常州段有一条运河支流叫南运河,她一年到头奔流不息,流过一座小镇的腹地。南运河上曾经横跨着一座石桥叫牛塘桥,桥的两岸是依河而建的古朴民房,这座小镇的名字就叫牛塘。

牛塘镇地处江苏省常州市南城区,这座始建于宋代的江南小镇,是镶嵌在古运河畔的一颗明珠,有着它引以为傲的英雄故事。

我与文物保护的那些事

据南宋《咸淳毗陵志》记载,"游塘桥在县西南十八里,跨西蠡河,直广惠行庙","广惠行庙在县南水门外游塘村"。又有《明史·常遇春传》记载:"从元帅徐达取镇江,进取常州,吴兵围达于牛塘,遇春往援,破解之。"《读史方舆纪要》《大清一统志》中都把牛塘写作"游塘"。

"常遇春大战牛塘谷"的英雄故事就发生在常州牛塘,当年朱元璋大败张士诚于牛塘谷,而其中的"牛塘谷""游塘营"就在现在的牛塘镇。

牛塘桥饱经沧桑,明清时期几经战火,数次被毁之后又重建。

清咸丰辛酉年,牛塘桥又一次被战火所毁,为重建牛塘桥,人们开始募集资金,可见牛塘桥在牛塘人心中的地位之重,它早已融进了牛塘人生活的点点滴滴,成为牛塘的文化符号。

20世纪80年代,由于航运发展,牛塘桥的桥洞大小不足以保障来往船只正常通行,最终牛塘桥于1984年5月12日被拆毁。

说起牛塘,就不得不提牛塘老街,因为老街里至今蕴藏着牛塘逝去的光阴和过往的辉煌。年久失修的黛瓦灰墙风韵犹存,行走在巷子中,也依然能体会到闹市中难得的几分古朴幽静。

随着城市的发展,如今的牛塘老街已是人烟稀少,繁华盛景已然成了历史的过往。然而,追溯牛塘老街的历史,这里曾经是牛塘镇的政治、文化、商贸中心。

据民国年间出版的《武进年鉴》记载,牛塘老街从明清时就逐渐有南货店、茧行、棉纱号、米行、染坊、茶室店、银楼、布庄、杂货店、药店(如方家大药房)等大小店铺。

邮电局、中心小学、广播站、牛塘饭店、信用社等都曾坐落于此,无数的牛塘人在此留下了创业的足迹和欢声笑语。

牛塘老街上至今还保留着牛塘镇庙场遗址,常州博物馆也收藏有记录广惠行庙及祠山大帝庙广惠行宫祠山寺历史的碑刻。广惠行宫在宋朝《咸淳毗陵志》上也有记载,它是为了纪念汉代治水英雄张渤建造的庙宇,也称祠山庙或祠山殿,属于地方上规模较大的庙宇,牛塘镇因

第一部分　文物保护纪实

此在过去相当长一段时间也叫广惠镇。

1937年日寇侵占常州,常州沦陷,老街至今保留着日寇侵占常州时用来挂中国人人头的电线杆,它与常州戚墅堰东街万安桥头的那根带孔的电线杆一样,都是日寇当年侵华的罪证。

近日,听闻牛塘老街也许即将要被拆除,内心深感不安。或许拆迁对于这里的原住民是一件好事,可以改善他们的生活环境,但是作为享有"历史文化名城"这个称号的常州来说,相当于又是一个大的损失。

常州已经是历经磨难、饱经沧桑,历史上几经战火的摧残,加上近半个世纪的城市建设,古建筑拆毁严重,失去了太多珍贵的历史遗存,拥有千百年历史的古街、古巷、古桥几乎消失殆尽;一个个乡愁符号、乡愁故事也随着这样的"巨变"而被逐渐遗忘。

面对惨痛的历史教训,我们不能再重蹈覆辙,不能让悲剧在我们这一代人身上重演,不能再把遗憾留给下一代人。

牛塘老街是常州城南历史和京杭大运河历史的见证,在城市大踏步的进程中,面对古建筑大规模的拆旧建新的现状,衷心地希望我们的行政部门能够手下留情,保留住常州这些仅存的古老建筑,并且能修缮恢复所有留存下的老街巷,秉着保留老城厢、开发新城区的理念,建设好我们共同的家园。让我们生活在异乡的亲人走得再远,也能够找到回家的路;让我们的子孙后代永远知道自己生命的根,她一直就在那儿,从未消失。

三、在规划会议上提议保护牛塘老街

2021年9月10日,常州市自然资源和规划局在市测绘院五楼会议室组织召开大运河核心监控区管控专项规划座谈会,会议主题是落实江苏省人民政府文件苏政发〔2021〕20号《省政府关于印发大运河江苏段核心监控区国土空间管控暂行办法的通知》,就运河文化价值和大运河未来管控等内容座谈。会上,我提出,根据省政府该文件精神,大运河重要组成部分南运河畔的牛塘老街应该保护。

邵志强、薛焕炳、沙春元等文物专家一致响应:牛塘老街应该保,

我与文物保护的那些事

大运河核心监控区管控专项规划座谈会

历史遗存不能拆。

常州市自然资源和规划局规划处处长周根群当场表态,将把专家们的意见转告给武进区规划部门。

2021年9月18日,常州市自然资源和规划局主持召开了保护牛塘老街各单位协调座谈会。

四、向武进区领导建言保护牛塘老街

2021年9月12日,我和薛焕炳将专家们联合签名的《关于保护牛塘老街的呼吁信》寄给了武进区领导乔俊杰。

呼吁信共有12位资深专家签名,按签名顺序分别为:常州博物馆考古部原主任徐伯元、常州市政协原副主席沈福祥、常州市名城办文史专家组成员沙春元、常州大学国学院院长张戬炜、常州市文博鉴赏学会主席包立本、常州市名城

呼吁信专家签名

第一部分　文物保护纪实

办文史专家组成员薛焕炳、常州政协文史馆馆长沈建钢、江苏理工学院教授赵贤德、常州市人大常委会原副主任赵忠和、常州画院原副院长司马连义、常州图书馆副研究馆员王继宗、中国书法家协会会员蒋寿元。

同时，通过原副市长薛锋将该信件在微信上转给武进区领导乔俊杰。

五、通过政协提案建议保护牛塘老街

2022年常州两会于2月21—25日召开，作为常州市政协委员的我于2月18日提交了《关于牛塘老街历史文化遗存保护的建议》，得到了周平凡、庄文谦、钱月航、刘琨、顾鼎武、卫新等委员的响应，纷纷联名附议。

常州市政协提案委将该提案立案，编号为：常州市政协第十五届一次会议第0112号。主办单位系武进区政府，会办单位系常州市文广旅局、常州市自然资源和规划局。

2022年3月11日，常州市政协"推动我市博物馆、收藏馆高质量发展，助力建设文旅中轴"课题组成员赴武进区调研文博收藏业发展期间，我从武进区文物部门负责人处得到消息，在众多文物专家、诸位政协委员多方努力下，武进区政府经过研究，决定牛塘老街予以保护，残存的老街不再拆迁。

2022年5

常州市政协0112号提案答复会

我与文物保护的那些事

月20日,《关于牛塘老街历史文化遗存保护的建议》常州市政协0112号提案答复会暨保护方案专家座谈会在常州市文博鉴赏学会召开,牛塘镇人大主席马东方代表镇政府回复:牛塘老街将得到有效保护,予以修复,并修建广惠公园,为老城厢的复兴添砖加瓦。会上,我和钱月航、刘琨两位常州市政协委员,以及文物、文史专家薛焕炳、沙春元、孙五一、沈建钢、徐瑞清,常州市文保中心副主任瞿小佩,常州市规划设计院历史文化工作室副主任张文珺,常州市人民建议征集联络员杨维忠等为《牛塘老街及周边地块策划方案》提出了建议。

牛塘老街终于保护下来了!

第一部分 文物保护纪实

老碑刻、老构件

2002年,位于常州老城区的荷花池地块进行改造,范围东至北大街,南至延陵西路,西至现子城河,北至西横街。荷花池的历史甚至可以向上追溯至宋代,千百年来有许多名人在此居住,慢慢修葺成园,特别是园中池栽荷花声名远扬,人们逐渐知荷花池而不知园名,遂以"荷花池"为地名,其名流传至今。

北宋大文豪苏东坡曾居住于此,并题"天远堂"匾额。南宋绍兴十二年(1142),参知政事张守兄弟四人在此建"四老堂",并围垣成园,栽植名木花卉,占地十亩左右,观赏赋诗,以娱晚年。明代《永乐大典》的编纂者陈济、兵部尚书陈洽兄弟的百花楼等都位于这一地区。

有一次,我跟市文管办陈伟堂讲到,荷花池地区发现一座老宅并有精美砖雕门楼,即将被民工拆除,并可能要卖到苏州。正好常州电视台记者冷勤业到市文管办采访老专家戴博元先生,在采访快结束时,冷记者听闻荷花池砖雕门楼一事,说要去荷花池看一下现场。当她看到精美砖雕门楼,并有"孝友传家"字样时,大为赞叹。

荷花池柏花楼22号砖雕门楼旧影

我与文物保护的那些事

常州电视台报道后,砖雕所有人杨姓市民当即表态,愿将门楼捐给市文管办,现在这座砖雕门楼安装在黄仲则故居大门上。

当我看到一批批常州古建筑上拆下的构件——罗砖、梁柱和椽子、石库门框、长格雕花窗、古井圈、青皮条石和金山条石等,被卖到省内南京、苏州、无锡和浙江南浔、乌镇、西塘等地,那时城墙南的运河边,每天都有大船来装运常州这些古建材料,我痛心不已。于是节衣缩食花3万余元买下许多拆下来的古建材料,装了满满一卡车,捐赠给市文管办,作为文物修复之用,由市文管办陈伟堂负责押运到清凉寺文物仓库。现在黄仲则故居的石

人民公园古牌坊群旧影

作者、赵汤亚洲(左)、陈伟堂(中)在市文管办整理石雕
(原刊于2002年8月31日《常州日报》 李洪涛摄)

第一部分 文物保护纪实

库门、古井圈和文化宫文庙大成殿前碑廊内的"敕建西真武庙"汉白玉碑刻、"勒石永遵"碑刻等都是我当年所捐。

另外，根据我提供的信息，市文管办在派出所民警的协助下，2003—2005年间，先后追回被拆除的市文物保护控制单位清代先贤卜子祠的"恽敬书法"碑刻、市文物保护单位东下塘清代刘氏宗祠的"彭玉麟梅花图"碑刻、人民公园古牌坊群……

回首文保往事，可谓有喜有悲。喜的是，除了以上所述，还有屠揆先故居、长沟别墅、樟村陆氏宗祠等许多文物保护单位、文物点，以及横林崔桥谢氏宗祠、横山桥包氏雕花楼、牛洛里民宅等几十处历史建筑，通过大家的努力保护下来；悲的是，一些文物保护单位、文物点、有历史价值的名人故居，最终未能保护下来，或未能原址保护下来，令人唏嘘感叹、痛心疾首，兹将部分名单附录如下：

文物保护单位
1. 明代胡㵾故居
2. 明代唐氏宗祠（移建）
3. 明代庄氏济美堂（移建）
4. 清代庄氏塾馆及星聚堂明式轿厅（移建）
5. 清代吴氏中丞第、屠寄故居（移建）
6. 清代邹浩祠（移建）
7. 清代落星亭、浩然亭（移建）
8. 清代恽氏庭院（移建）
9. 太平天国志王府（移建）
10. 民国民元里民宅（移建）
11. 民国松筠小筑（碑廊）

文物保护控制单位
1. 恽家墩汉墓
2. 明代八卦井（八角井）
3. 清代武进县城隍庙

4. 清代先贤卜子祠

5. 清代费氏庭院

6. 清代李公祠

7. 民国玉佩弄民宅

8. 民国"天友来"店旧址

名人故居

1. 刘纶祖母娘家青山路姚宅楠木厅（清初）

2. 著名摄影家吴中行故居（清）

3. 中国乱针绣创始人杨守玉故居（清）

4. 常州画派代表人物恽冰、恽珠故居（清）

5. 十子街 19 号恽家花园宅第（清末）

6. 无产阶级革命家董亦湘故居（民国）

7. 著名画家房虎卿故居（民国）

8. 著名实业家许冠群故居（民国）

9. 著名地质学家孟宪民故居（民国）

……

亡羊补牢，不言其晚（阮仪三语）。2008—2013 年间，常州市人大代表两次提出议案，要求申报国家历史文化名城，三次组织涉及历史文化名城名镇（名村）的专项调查和执法检查，我与薛焕炳、邵志强、沙春元、张戬炜等热心人士为此大力奔走呼号，促使常州这座历史文化名城实至名归，为大运河文化带建设与老城厢提升做出积极努力。

2015 年 6 月 1 日，国务院总理李克强签发国务院文件，批复同意常州市为国家历史文化名城。喜讯传来，常州全城沸腾，许多文物工作者、文物保护志愿者流下了热泪。经过几代人的努力，经过市政府的重视，常州终于成为国家历史文化名城了，我们可以告慰那些一同参与文物保护工作的、已逝去的前辈。我们要让大家了解这段历史、记住这段历史、不忘这段历史。不忘初心，方得始终。

第二部分　文物保护建言

第二部分　文物保护建言

政协提案篇

关于完善焦溪街上私人古建筑保护利用措施的建议

常州市政协第十四届一次会议第 0072 号

我市郑陆镇焦溪村，先后于 2014 年 2 月 19 日、11 月 26 日入选第六批中国历史文化名村和第三批中国传统古村落名录，成为常州市唯一的"双科状元"。焦溪之所以能获得两项殊荣，一个很重要的原因，就是建筑地方特征鲜明，建筑材料就地取材独具特色。

焦溪老街上保存有 800 多间、35000 平方米的明清、民国老房子。众多民居东西山墙、前后包檐约有一半用黄石砌就，形成"黄石半墙"的独特建筑风格，体现出南地北风的江南水乡传统村落特色。

然而经调研发现，最近两三年来，焦溪老街上的老房子命运堪忧。除少数有实力的人有能力自行出资修缮保护外，大量私人古建筑拥有者或使用者不懂得文物本身所具有的历史价值、艺术价值和科学价值，或是无人居住空关任其日晒雨淋，或是随意修整、装修，或是

谢辰生在焦溪老街

我与文物保护的那些事

被出租、转让，或是为商家收购改为会所、餐饮或其他休闲经营场所等，大量私人古建筑遭到严重破坏。

如何才能防止焦溪老街上现有的明清、民国老房子倒塌、消失？私人古建筑如何得到保护和合理利用？现在，百姓呼声很高，政府的决心也很大，都寄希望于通过招商引资来解决问题。而投资商呢，则可遇不可求。为此提出如下建议：

焦溪老街

一是将私人古建筑一体纳入文保范围。根据文物相关界定办法，将符合规定的各类私人古建筑（含古民居）一体纳入文物保护范畴。按照建筑的重要性不同，由不同级别的文物管理部门审批核定。明确焦溪古镇保护利用的责任主体及其职能部门，将保护明清、民国老房子列入该责任主体及其职能部门的年度考核。

二是建立私人古建筑空关房台账。通过实地调查，摸清私人古建筑空关房的情况，包括房屋数量、质量、所有者的联系方式等，并逐一登记造册。一旦发现空关房出现质量问题，立即与房屋所有者取得联系，督促其及时维修。

三是多渠道筹措修缮费用。鉴于私人古建筑数量庞大，应允许在不破坏文物建筑本身特色和文化价值的前提下，社会单位和个人出资修缮私人古建筑，并与产权所有者确立合作关系。在古建筑的修缮过程中，政府可视建筑的重要性承担一定比例的修缮费用，并对修缮效果和费用使用进行监督。

四是合理开发利用私人古建筑。由单一政府投入向政府引导、市场运作、社会参与等多元融资转变,对私人古建筑进行科学保护和有序利用。通过产权转移、股份合作、租赁经营等多种办法,将空关房最大限度地保护和利用起来。让普通民众更多地参与古建筑的保护,对古建筑保护做出贡献的公民应予表彰或奖励。

五是允许私人古建筑以货币作价入股,参与古建筑保护机构整体开发利用。既可以古建筑所有权成为政府批准的文化公司、文化遗产保护开发机构或旅游实体的股东,也可采取产权托管方式,委托政府无偿代管、使用其所拥有产权的文物,或者把文物有偿出租给政府。

相信在多方的共同努力下,焦溪街上私人古建筑将得到妥善的保护,焦溪也将成为常州旅游的一个亮点!

(提案人:包立本　报送时间:2017年2月)

关于将吴季子祠(吴氏宗祠)列入文物点保护的建议

常州市政协第十四届一次会议第0073号

吴季子祠(吴氏宗祠)位于横林镇崔桥吴家村,始建于清代雍正年间,至今已有280余年历史。

吴季子祠(吴氏宗祠)有以下特点:

吴氏名人众多

常州吴氏,乃常州人文始祖、中华诚信第一人季子的后裔。才人辈出,名人荟萃。历代进士人数,以吴氏为最多。近代以来,尤为繁盛。有辛亥元老、中央研究院首届院士吴稚晖,辛亥元老、江西省都督、上将吴介璋,著名摄影家吴中行,数学家吴在渊,音乐家吴伯超与吴祖强,著名导演吴彻之,全国人大常委会副委员长、两院院士、著名医学家吴阶平,剧作家吴祖光,女画家吴青霞,著名医学家吴蔚然,儿科专家吴瑞萍,古人类学家吴汝康,历史学家吴泽,中科院院士、肿瘤学家吴旻,运载火箭专家吴兴元、吴林芳,中国工程院院士、军事医学科学院院长吴德昌,四机部部长、解放军副总参谋长王诤(原名吴人鉴),纺工部部长、纺织工业总会会长吴文英,等等。崔桥吴氏与以上吴姓名人均为一脉同根。

建筑历史悠久

横林吴氏先祖为兰坡公,于明代永乐二年(1404)从常州锁桥湾迁居横林崔桥吴家村。其十三世孙子明公,感悟先祖季子之德,故于清代雍正年间舍宅建祠,至今已有280余年历史。吴季子祠又称吴氏宗祠,两进六楹一天井,粉墙黛瓦,古色古香。今在原址按原样修复,门当石、柱础、古井、部分木构均为老料旧物。其中尤以古井井圈,系外圆内方形,为常武地区仅存,极为珍贵。另外,祠堂内保存有光绪五年己卯四修的《吴氏宗谱》一部,计十二卷,清代史地方志学家、进士、翰林庶吉士李兆洛作序,距今已经有 130 多年历史。

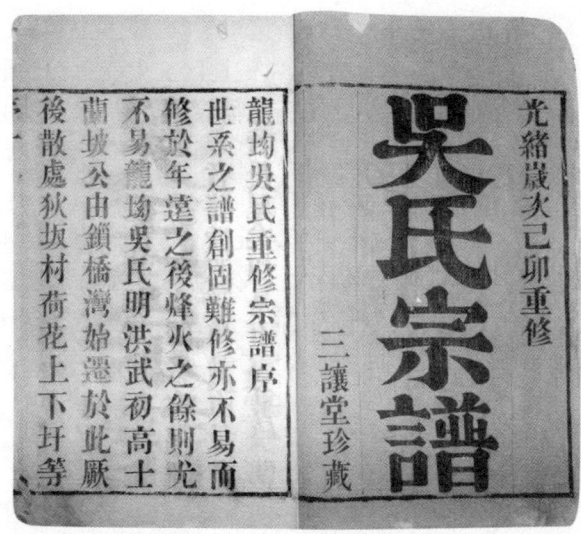

《吴氏宗谱》书影

祠堂影响深远

崔桥吴季子祠是目前常武地区仅存的季子祠。常州历史上曾有多处季子祠,郡学讲堂东、通吴门铁冶巷、天庆观旁都有过季子祠,可惜岁月流逝,沧海桑田,祠堂湮灭。幸喜崔桥吴季子祠保存下来,2012 年吴氏后人自费修复。吴氏族人为了弘扬吴氏诚信精神,于 2014 年 9 月 20 日下午,在吴季子祠"三让堂"举办道德讲堂,这也是道德讲堂首次走进常武地区祠堂。时任中共常州市委宣传部副部长兼常州市文明办主任陈志良、常州市社科联主席、常州市社科院院长陈满林,市文明办副主任周庆、奚炜箐,吴氏宗亲会会长吴建俊、副会长吴建国等出席活动。讲堂上吴氏族人共同诵读《吴氏祖训》,并以坚守诚信为主题,聆听季子"徐墓挂剑"、薛墅巷吴伯愚信守重义,以及后世子孙吴凤国诚信经营的故事。活动取得圆满成功,声名远播苏锡常。另外,鉴于崔桥吴季子祠的影响,常州市政协文史委主编的《延陵季

我与文物保护的那些事

子史料集》专题介绍了崔桥吴季子祠。该书由常州市政协主席邹宏国作序、副主席居丽琴题签,常武地区文史专家沈建钢、谢达茂编著。

根据《中华人民共和国文物保护法》第二章不可移动文物第十三条规定:尚未核定公布为文物保护单位的不可移动文物,由县级人民政府文物行政部门予以登记并公布。

为了继承和发扬中华传统祠堂优秀文化,传承和弘扬先祖季子的至德、诚信、仁义、谦让之美德,使季子后裔不忘祖德,敬祖睦宗,让吴季子祠永久保存下去,让季子精神发扬光大,故建议市、区两级文物部门将吴季子祠(吴氏宗祠)列入文物点加以保护。

(提案人:包立本　报送时间:2017年2月)

第二部分　文物保护建言

关于保护西横林人文历史的建议

常州市政协第十四届二次会议第 0212 号

习近平总书记近年做出"要望得见山、看得见水、记得住乡愁""历史文化是城市的灵魂,要像爱惜自己的生命一样保护好城市历史文化遗产"的指示。地处本市钟楼区的西横林老街,至今仍有这种乡愁的风范,亟待修改调整现有的相关规划。

从地理位置上讲,西横林老街曾经是常州城西地区的要塞之地,武进大集镇之一;而现在依然是钟楼的"龙头凤尾"(钟楼大桥与皇粮浜公园在地形上就是龙凤配)。

从常武地区民间习俗来看,虽然划为城区十多年,但原先农村地区的电影院、供销社、粮库、老街、老桥、老庙等目前都还保存着当年的风貌。且此地依旧民风淳朴,邻里相帮,民间传统节日照过(如三月三、节场、请客),是芝麻糖、寸金糖、浇切片等传统食品的原产地,有特定的非遗项目氛围。

对照《江苏

西林老街

我与文物保护的那些事

省传统村落保护办法》，结合西横林老街在钟楼区所处的地理位置、西林的历史文化、民间传统、历史人物及老街风貌等因素，亟须修改现有规划，特此提案如下：

一是顺应时代要求，规划为先，改造西横林老街，造福民生安居。从文化、水利、危旧房改造方面，建议运用"武进三块地"的思路，来拓展老街的规划思路。将钟楼区童子河的规划布局为皇粮浜公园—西林老街—东岱老街—北港老街改造—钟楼新城，形成"新旧新"的格局。

二是通过把西横林打造成童子河上具有乡愁文化、非遗特色的休闲长廊空间，再创一个"西横林"乡愁文化品牌（西林人创建了"凌家塘"的市场品牌），成为钟楼区童子河文化贯通古运河、南运河的一个重要环节。

三是修复"《中国大百科全书》之父"姜椿芳的故居，作为西横林人文历史馆和名人馆。

四是妥善安排芝麻糖、寸金糖、浇切片等传统食品生产企业，使其不至于脱离原产地，失去非遗项目的原有氛围。

（提案人：包立本　报送时间：2018年1月）

第二部分　文物保护建言

关于在青果巷设立常州碑刻博物馆的建议

常州市政协第十四届三次会议第 0301 号

国家级历史文化名城常州曾经留下许多历代碑刻,比如《苏东坡祠碑记》《孙慎行书法碑记》《黄山寿作咏如刘先生风雪长征图碑》,等等,这些碑刻记录了常州许多珍贵的历史事件,是研究常州历史、文化、名人的重要载体。但这些碑刻未能得到妥善保管——《苏东坡祠碑记》因早科坊苏东坡祠拆迁,碑刻几次搬家,流落民间,并且破成几段;《孙慎行书法碑记》流落到了薛家某苏姓人士手中;《黄山寿作咏如刘先生风雪长征图碑》流落到了宜兴民间;更有许多碑刻因市文保中心无专门仓库,几经搬迁,至今借存在某企业仓库,可谓"养在深闺人未识",未能发挥其作用。

相比之下,苏锡常地区的苏州、无锡,都已建成了碑廊(林),常州确实有点遗憾。因此建议,常州可以将这些碑刻征收并集中起来,建个常州碑刻博物馆,馆址可

青果巷旧影

我与文物保护的那些事

设在青果巷,具体地点:或名人名宅,或阳湖县城隍庙,或其他建筑内均可。其理由如下:

1.苏东坡、孙慎行等名人与青果巷有关。青果巷东首的原显子桥、观子巷,据清代《武

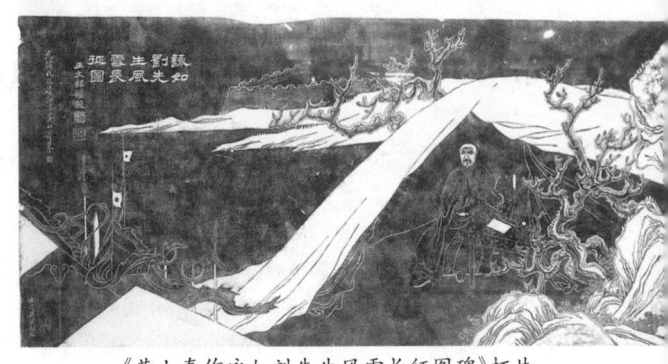

《黄山寿作咏如刘先生风雪长征图碑》拓片

进阳湖合志》记载,因苏东坡而得名。孙慎行则是从青果巷附近的双桂坊走出的名人,而且他是唐荆川的外孙。

2.《黄山寿作咏如刘先生风雪长征图碑》的发现地则在青果巷东下塘刘氏宗祠(义庄),碑刻博物馆设在青果巷,可谓众望所归。

3.青果巷本来就有许多碑刻,比如省级文保单位唐荆川宅的《孙慎行书保合堂碑记》、省级文保单位阳湖县城隍庙戏楼《增修城隍庙记》、市级文保单位《医学祠碑记》、市历史建筑刘先师庙的碑记,等等。将流落在外的碑刻集中起来,既保护了文物,又传承了历史,是一件大好事,也是一件大实事。

4.青果巷即将开街,通过这些碑刻,可以让游人了解常州的历史,宣传常州文化。

综上所述,建议在青果巷设立常州碑刻博物馆。

(提案人:包立本 报送时间:2019年1月)

第二部分　文物保护建言

关于将公交常州宾馆站改名为近园站等的建议

常州市政协第十四届三次会议第 0302 号

常州既是一座经济发达的工业城市，也是一座历史悠久的文化名城。过去，一方面为了凸显经济发展，另一方面为了筹集经费，所以许多公交站台都是用厂名、公司名、单位名命名，这在当时，是时代的需求、历史的原因。

如今，十九大报告指出："文化是一个国家、一个民族的灵魂。文化兴国运兴，文化强民族强。没有高度的文化自信，没有文化的繁荣兴盛，就没有中华民族伟大复兴。要坚持中国特色社会主义文化发展道路，激发全民族文化创新创造活力，建设社会主义文化强国。"

有鉴于此，为了重视中华文化，弘扬人文历史、传承古老地名、宣传名城常州，建议将部分以企业或单位命名的公交站台，改用所

在作者建议下公交"常州宾馆"站改为"常州近园"站

我与文物保护的那些事

在地的风景名胜、名人故居、文物古迹命名。比如,常州宾馆(已破产)站改名为近园(国家级文保单位)站,新世纪商城站改名为大陆饭店(市级文保单位)站,保

常州民建会员一提案
为城市增添一丝文化魅力

本报常州讯 在常州,市民们最近在乘坐公交时会突然发现,一些原来的站名有了小小改变,原来的"常州宾馆"改成了常州市为数不多的国家级重点文物保护单位之一"常州近园",原来的"保险大厦"改成了"青果巷";这些小小的改变让城市增添了一丝文化气息。而这些改变正是来自于常州民建会员的一个提案。

民建会员包立本经过调研发现,为了凸显经济发展以及筹集经费,常州许多公交站名都是用厂名、公司名、单位名命名,这在以前是时代的需求,历史的原因,但不符合常州作为历史文化名城或单位命名的公交站点,改用所在地的风景名胜、名人故居、文物古迹命名,已达到弘扬人文史实,传承古老地名、宣传名城常州的目的。

常州市公交公司对此提案十分重视,专门就进行了当面答复,常州市公交公司表示:目前常州市公交站点的命名,已经开始以地名、桥名、路名、旅游景点、公益性场所、居民小区等标志性建筑物来命名。同时经过前期准备和沟通后,已经计划将曾隆路上的"常州宾馆"改成"常州近园",将和平路上的"保险大厦"改成"青果巷",并且在今后,公司将逐步、有序推进类似的其他公交站点的更名工作。

(许铮)

2019年6月18日《团结报》报道

险大厦站改名为青果巷(历史文化街区)站,等等。

近园,一名静园,又称恽家花园,位于化龙巷,始建于明代万历年间,清康熙时由杨兆鲁重建。杨曾邀请著名画家恽南田、王石谷、笪重光等在园雅集,由杨作《近园记》,恽书石,王作《近园图》,笪为之题跋,一时传为盛事,现题记残碑仍留园中。是常州迄今为数不多的国家级重点文物保护单位之一,也是堪比苏州园林的常州园林。

大陆饭店位于北大街乌龙庵2号,始建于1916年,是楼房、厢房组合而成的建筑群,既有拱形大门、水泥平顶、欧式栏杆围护、罗马柱、浮雕装饰等西方建筑元素,又有天井、小青瓦屋面、骑马楼等江南传统建筑的印记,系当时最现代化的旅馆。大陆饭店由俄罗斯人设计、监工,是我市民国初期建筑的代表。徐志摩、陆小曼、梅兰芳、赵子敬、钱化佛、吴我尊、张肖伦、汤定之、吴青霞、赵丹、周璇、上官云珠等各界名流都曾下榻于此。

(提案人:包立本　报送时间:2019年1月)

第二部分 文物保护建言

关于在常州府医学与先医庙设立常州中医博物馆的建议

常州市政协第十四届四次会议第0174号

常州市青果巷205号是明清时期常州府医学与先医庙的旧址，也是江南地区仅存的医学与先医庙遗存。

宋代崇宁二年（1103），面对社会上医生"流品不高，士人所耻，故无高识清

常州府医学与先医庙

流习尚其事"的状况，讲议司上奏称"今欲别置医学，教养上医"，中央"医学"应运而生，此后很长一段时间取代太医局成为主要的医学教育机构，常州也开始修建州医学。明代成化十四年（1478），时任常州知府刘钰在惠民药局旁，烈帝祠（今田家炳初中附近）与张王庙之间的位置，"斥地仅四分七厘六毫"，把医学和惠民药局合并设置于此，从此常州府医学和惠民药局合并，开启了医学进驻青果巷的新时期。

明末，常州府医学与先医庙房屋失修坍圮，学址内的先代碑刻匾额等物遭到破坏，甚至印信也遭不法之徒觊觎。崇祯二年（1629），有目睹

我与文物保护的那些事

医学惨状的百姓"欷歔感痛",大家向时任常州府推官刘兴秀痛陈此事,刘兴秀于是协同知府石万程、武进知县岳凌霄以及岳凌霄的继任者程九万,一同主持清查医学被侵占的土地和资产。工作持续了大约两年,到崇祯四年(1631)夏,清查和整顿基本完成,医学里重新设置三皇及历代名医的牌位,并且整顿了医官队伍。经此一事,医学幸而得以存续。

同年夏,常州籍探花管绍宁听闻此事,为整件事撰写了始末,合府医官将这篇文章刻作碑刻立于医学门前,即今位于青果巷205号门口的《重修常州府医学碑记》,因为史料价值较高,1964年4月被公布为首批常州市文保单位。

民国时,青果巷内名医云集,徐衡之、李宗恩、汪慎安、唐玉虬等名医大家群聚于此,当时常州城内的谢景安、朱履安、卞伯歧、屠济宽等更是在这处建筑里成立了武进中医师公会。

常州府医学与先医庙有以下特点——

1.地方医政的缩影

这处遗址是地方医政的缩影,从崇宁兴学,到中医师公会,历代地方医政和围绕它的人与事都凝结于此。子城厢的400年与青果巷的500年,汇集成900年地方医政的风风雨雨。

2.官医与流派

官医制度的瓦解与官医群体的解放,推动各大地域、世医流派前所未有地崛起。或许由这三皇的庇佑,最终让史上影响力最大的地域世医流派,诞生在这片土地。而这处承载了常州府地方医政500余年的宅院,正是这一切的见证者。

目前,南市河历史风貌保护区正在修缮之中,为了给青果巷增加一个景点,同时为了更好地扩大常州中医在全国的影响,因此建议,在修缮过程中,能在青果巷205号常州府医学与先医庙设立常州中医博物馆,以传承中华民族的优秀传统文化——中医文化。

(提案人:包立本 附议人:唐华新、徐红、李东华等12人 报送时间:2020年4月)

第二部分 文物保护建言

关于将常州地区第一个党支部——中共横山桥支部(包合兴店、仇氏宗祠)旧址列入常州市文物保护单位加以保护的建议

常州市政协第十四届四次会议第 0175 号

中共横山桥支部旧址

1921 年 7 月 23 日,中国共产党第一次全国代表大会在上海开幕。四年后的 1926 年 2 月,中共横山桥支部成立。金坛第一个党支部成立于 1926 年 12 月,溧阳第一个党支部成立于 1931 年,所以中共横山桥支部也是现在常州市行政区域(即民国时的武进、金坛、溧阳三县)内第一个党支部。

中共横山桥支部,是由上海大学学生包焕赓回乡组织建立的。文有"上大",武有"黄埔"。上海大学,是以中国共产党为主,国共合作创办的高等学校,一批中国共产党早期领导人和著名学者先后主持校政和任教。这是共产党培养干部的学校,传播马克思主义的园地,反帝爱国运动的堡垒。常州籍的瞿秋白(学贯中西名教授,上海

我与文物保护的那些事

大学教务长,拒绝高薪的中共早期领导人)、张太雷(讲英语课精准流利,传播真理,妙语连珠,典当西装的无产阶级革命家)、恽代英(讲课有声有色,主编《中国青年》影响深远,道德楷模)、董亦湘(张闻天、陈云的入党介绍人,编著讲授社会科学讲义,中国最早一批加入共产党的革命活动家)都是上海大学的教授,他们对在常武地区建立和发展党的组织起到了关键性的作用。

中共横山桥支部的创始人、支部书记包焕赓就是1925年进入上海大学读书的。横山桥镇,明末清初就是号称"烟火千家,商贾四集"的一方巨镇。在老街有一家包合兴南货铺,虽非巨商,亦稍有资产。这家店主包焕赓,自幼受到良好教育,1925年春由恽逸群(1925年在上海参加国民党,1926年7月加入共产党,1927年任中共武进县委书记,后成为著名新闻学家)介绍,毅然考进上海大学,受到革命思潮的熏陶及武进籍同乡瞿秋白、张太雷、恽代英、董亦湘等教授的影响,积极投入上海革命运动,并加入了中国共产党。

包焕赓根据中共组织的指示,于1925年寒假回到家乡,联络同学和青年朋友,发展中共党员,宣传反帝反封建,取得共识以后建立组织。1926年2月春节,在包合兴南货店的客厅,共产党员包焕赓、王玉如(仇裕庆)、朱云峰等唱响了《国际歌》,成立了中国共产党横山桥支部,书记包焕赓,支委王玉如(仇裕庆)等。这标志着常武地区第一面鲜红的中共党旗在横山桥升起,具有划时代的意义。随后,支部在包合兴南货店、仇氏宗祠等处开展支部活动。

第一次国共合作和大革命时期,中共横山桥支部成为武、澄、锡交界地区的一面红旗。1927年3月,曾发动群众,迎接北伐军国民革命军第十四军第一师熊式辉部进驻,支部发动群众集会游行,高呼"打倒列强!打倒军阀!"宣传反帝反封建;组织民工,运送武器弹药等前往江阴。大革命失败后,中共横山桥支部虽与上级党组织失去联系,部分成员仍继续为土地革命战争时期江阴红军活动做过掩护,也为抗日战争时期澄西游击斗争起到了播撒火种的作用。

第二部分　文物保护建言

包合兴店旧址位于横山老街东街38号,目前,包合兴店旧址保存两进民国建筑,均为平屋,已被公布为武进区文物保护点。

仇氏宗祠位于横山桥镇文明东路18号,占地面积600平方米,建筑面积300平方米,为清式建筑。目前在宗祠内设立了王玉如(仇裕庆)纪念馆,被中共常州市委宣传部公布为常州市爱国主义教育基地。

习近平总书记在庆祝中国共产党成立95周年大会上的讲话中说:"历史告诉我们,没有先进理论的指导,没有用先进理论武装起来的先进政党的领导,没有先进政党顺应历史潮流、勇担历史重任、敢于作出巨大牺牲,中国人民就无法打败压在自己头上的各种反动派,中华民族就无法改变被压迫、被奴役的命运,我们的国家就无法团结统一、在社会主义道路上走向繁荣富强。历史告诉我们,95年来,中国走过的历程,中国人民和中华民族走过的历程,是中国共产党和中国人民用鲜血、汗水、泪水写就的,充满着苦难和辉煌、曲折和胜利、付出和收获,这是中华民族发展史上不能忘却、不容否定的壮丽篇章,也是中国人民和中华民族继往开来、奋勇前进的现实基础。历史还告诉我们,历史和人民选择中国共产党领导中华民族伟大复兴的事业是正确的,必须长期坚持、永不动摇;中国共产党领导中国人民开辟的中国特色社会主义道路是正确的,必须长期坚持、永不动摇;中国共产党和中国人民扎根中国大地、吸纳人类文明优秀成果、独立自主实现国家发展的战略是正确的,必须长期坚持、永不动摇。"

目前,中央和地方对革命文物相当重视,国家文物局成立了革命文物司;刚刚公布的第八批常州市文保单位中,革命文物恽代英住地列入其中;横山桥镇人民政府投资100余万在仇氏宗祠成立了红色革命纪念馆。

不忘初心,继续前进。因此,建议将常州地区第一个党支部——中共横山桥支部(包合兴店、仇氏宗祠)旧址,列入常州市文物保护单位加以保护!

(提案人:包立本　附议人:仇铁成　报送时间:2020年4月)

我与文物保护的那些事

关于将地铁站名"同济桥站"改为"青果巷站"的建议

常州市政协第十四届四次会议第 0176 号

青果巷是常州市区保存最为完好、最负盛名的古街巷,是常州整体历史风貌的精华所在,是常州历史文化名城的一张重要名片,也是常州文化旅游的重要区域之一,名人故居聚集,文化活动繁多,街区开放后平均每天人流量过万,已成为市民散步小憩、休闲聚餐的网红地。常州市政府及市民有责任和义务对其进行宣传,并从城市规划、城市建设、城市交通及文化旅游等多方面整体关联并给予高度关注与关爱。

地铁"同济桥站"

第二部分　文物保护建言

　　就交通环境而言,青果巷周边已具备多条公交及地铁线路,今年6月,在本人的提案下,常州公交公司已将9条公交线路的原"保险大厦"站名改为"青果巷",突显了公交公司"公交为民"的服务理念,极大地方便了常州市民及外地客商和游客。

　　地铁一号线是常州今年开通的,南北方向连接常州北站、环球港、奥体中心、市民广场、常州火车站、科教城等人流量集中的重要站点。地铁站名命名之初,青果巷改建工程尚未完工,其对外影响力尚未显现,所以青果巷附近站点被命名为"同济桥站",现旧同济桥已拆除改为平桥。无论是从站点命名规则角度,还是从促进常州旅游文化发展的角度出发,将"同济桥站"改为"青果巷站",更具备了站点区域的标志性,增添了站点命名的文化属性,方便了坐地铁的旅客游览青果巷历史文化街区。

　　因此,建议将地铁站名"同济桥站"改为"青果巷站"。

(提案人:包立本　报送时间:2020年4月)

我与文物保护的那些事

关于设立常州碑刻博物馆的建议

常州市政协第十四届五次会议第 0054 号

国家级历史文化名城常州曾经留下许多历代碑刻,比如《苏东坡祠碑记》《孙慎行书法碑记》《黄山寿作咏如刘先生风雪长征图碑》等,这些碑刻记录了常州许多珍贵的历史事件,是研究常州历史、文化、名人的重要载体。但这些碑刻未能得到妥善保管——《苏东坡祠碑记》因早科坊苏东坡祠拆迁,碑刻几次搬家,流落民间,并且破成几段;《孙慎行书法碑记》流落到了薛家某苏姓人士手中;《黄山寿作咏如

1959 年时的常州工人文化宫

修缮中的武进县文庙

第二部分　文物保护建言

刘先生风雪长征图碑》流落到了宜兴民间；更有许多碑刻因市文保中心无专门仓库，几经搬迁，至今借存在某企业仓库，可谓"养在深闺人未识"，未能发挥其作用。

相比之下，苏锡常地区的苏州、无锡，都已建成了碑廊（林），常州确实有点遗憾。因此建议，常州可否将这些碑刻征收并集中起来，建个常州碑刻博物馆，馆址可设在正在修缮中的武进县文庙内，其理由如下：

1. 常州历史名人留下的碑刻几乎都与文庙有关。

2. 十六年前市总工会领导薛焕炳曾经在县文庙设立过小型碑廊，反响很好。

3. 县学街一侧临街建筑已全部拆除，留有空间，可以作为碑刻置放处。将流落在外的碑刻集中起来，既保护了文物，又传承了历史，是一件大好事，也是一件大实事。

4. 兄弟城市苏州也是将碑刻博物馆建立在文庙中的。我市可参照筹建，增加武进县文庙之内涵。

设立常州碑刻博物馆是几代文博、文史专家的愿望，已故的朱达明、潘茂、戴博元等，当代的薛焕炳、徐伯元、贺忠贤、张戬炜等，都曾经呼吁过。通过这些碑刻，可以让游人了解常州的历史，宣传常州文化。

综上所述，建议在武进县文庙内设立常州碑刻博物馆。

（提案人：包立本　报送时间：2021年1月）

我与文物保护的那些事

关于复建常州人文始祖季子祠的建议

常州市政协第十四届五次会议第 0208 号

季札是常州的人文始祖,是春秋时期著名的政治家、思想家、外交家、文艺评论家,是春秋吴文化的杰出代表。孔子尊称他为"天民""延陵君子",司马迁称其"闳览博物,君子也"。中国社科院学部委员、中国先秦史学会理事长宋镇豪称季子为"吴文化之光"。季札还被专家学者誉为"儒家学派的先驱""中华道德先贤""中华诚信第一人""中国文艺评论第一人""江南圣贤"等。公元前547年,季札被吴王余祭封于延陵,这年成为常州的开邑之年,入史元年。季札文化是常州文脉之根,常州文化之源。季子文化的主要内容是谦让、诚信、守礼、清廉。季子文化的核心是信义、至德,这些都是中华传统文化的精髓。今天,我们在全力推进老城厢复兴发展中,大力彰显常州文化的"根"和"魂",做大做亮季子文化这个常州独特的"国"字号文化品牌,具有重大价值。

历史上,常州先人们对季子文化十分重视,对季子文化的载体季子祠精心呵护,发挥了其滋心育人的作用。据东晋晋陵太守殷仲堪《延陵季子庙记》,最晚在晋代,常州已建有季子祠。宋《咸淳毗陵志》记载,古延陵地域有三处有影响的季子祠庙,南庙在晋陵东郭外(即常州老城厢内的季子祠,位于今红梅公园南侧文笔山庄处),北庙在武进博落城,西庙在润州曲阿(即今镇江丹阳延陵镇西九里季子庙)。唐武则天垂拱四年(688),狄仁杰以"吴楚多淫祠"为名,焚毁寺庙1700余所,特意保留了泰伯庙和季子祠。出于对季子的崇敬,狄仁杰还亲题"嘉贤"匾额,以赞赏季札诚信谦让的美德。唐大历十四年

第二部分 文物保护建言

季子亭

(779），常州老城厢内南庙重修。宋末，南庙毁于元兵战事。明洪武七年（1374），常州知府孙用、武进知县朱恕将季子庙移建于双桂坊。在季子祠中，立有明开国皇帝朱元璋封季札为"延陵季子之神"的牌匾。这是常州老城厢规模最大、规格最高的纪念季子祠堂，也成为江南地区众多季子祠（庙）分祠的总祠（庙）。

明清两代，季子祠屡次修缮，并成为教化百姓、教导官员的庄严场所。康熙七年（1668），太守骆钟麟奉宪在季子祠辟建延陵书院。清康熙、乾隆曾多次谕祭。康熙帝为季札题额"让德光前""至德无名"，乾隆帝赐御匾"三让高踪""清徽绳武"。"清徽绳武"的匾额曾高挂在双桂坊季子祠内正中。乾隆帝还亲书《祭吴季札文》："惟吴季子，谦冲夙著。礼乐幼娴，春秋多褒。美之文实，圣人所深。"咸丰十年（1860），季子祠毁于太平天国兵燹，以后再修。民国时期，季子祠一直作为武进商会和图书馆办公用房。新中国成立后，季子祠为常州工商联使用，后又用作展览馆。季子祠大殿后的两层楼房还曾作为中苏友好馆使用。1980年前后作为群众艺术馆使用。1987年被拆毁，重建为市工商联办公用房，后为市老干部活动中心。2002年人民公园改建，季子祠两层楼房被拆，为了保留季子文化符号，于公园东南侧另建季子亭，在公园西北侧筑季子坐马佩剑石雕像。

我与文物保护的那些事

目前,宋《咸淳毗陵志》记载的西庙即镇江丹阳九里季子庙已经修缮,并在庙前新建季子文化园,树起了季子雕像。江阴季子祠由申港镇政府出资修建,2009年完成。唯独南庙即延陵所治、季子躬耕所在地的常州老城厢的季子祠(又称总祠)至今没有恢复修建。

习近平总书记指出:"优秀传统文化是一个国家、一个民族传承和发展的根本,如果丢掉了,就割断了精神命脉。"复建季子祠,既符合中央传承发展优秀传统文化的要求,也有利于打造常州老城厢在江南独树一帜、区别于其他城市的文化品牌。

关于复建季子祠的选址,我们建议放在红梅公园东南及其周边地块。理由是:

1. 红梅公园南侧是常州最早的季子祠原址,从晋代至唐、宋一直在这里。

2. 人民公园旁老干部活动中心是明、清的季子祠原址,但拆迁量大,地域狭窄,难以满足现在的功能要求。

3. 增添了常州老城厢东部板块的文化内涵和容量,使季子祠与嘉贤坊、文笔塔、天宁寺、大佛塔、红梅阁交相辉映,组成儒、释、道"三教圆融"的团组文旅高地。

(提案人:包立本　报送时间:2021年1月)

第二部分 文物保护建言

关于将秀旺沈氏宗祠"八咏堂"公布为市文保单位或一般不可移动文物的建议

常州市政协第十五届一次会议第0111号

阳湖秀旺沈氏宗祠"八咏堂"位于常州东大门——横林镇之东南秀旺自然村，东与无锡市交界。始祖清公字允良，自明弘治年间于无锡玉祁蓉湖兰港金鹅堂肇公

秀旺沈氏宗祠

始祖第十世迁居常州横林阳湖之滨秀旺古圩，已越500余年。后世枝繁叶茂，瓜瓞绵延，繁衍生息已至廿三世，计200余户，800余人。分布在江苏常州、无锡、苏州，以及上海、福建等地。

"八咏堂"沈氏宗祠始建于清咸丰二年（1852），"文化大革命"后期被破坏。随着时代的发展、社会的进步，特别是改革开放以来，政通人和，经济繁荣，国泰民安，社会和谐，常武地区掀起修谱建祠的热潮。秀旺沈氏族人赶上了这个好形势，也不甘无所作为。为追念先祖，鼓励后人，继承先祖之美德，弘扬中华文化，爱我中华、促进建设

我与文物保护的那些事

和谐社会，故按原貌原样重修沈氏宗祠"八咏堂"，经族贤沈福昌先生倡议，其他族人纷纷响应。

修复后的沈氏"八咏堂"系清代风格建筑，占地总面积约2000平方米，建筑面积约328平方米，为两进二侧厢的四合院。前后两进各为三间正房、一间辅房，二侧厢各为三间，四角为四个小花园，中间为天井。整座建筑群全为粉墙黛瓦砖木结构，地面铺方砖，轩宇宏畅，古色古香，祠前古溪碧波，修篁掩映，芦荻隐现，沙鸥时飞。尚有沈氏会馆，慰灵阁，沈氏怀庆坊、报恩亭、感恩亭驳岸，栏杆、花架、碑林等建筑配套，整体建筑隐藏在绿林丛中，美不胜收。建筑修复用料，除原有台阶石、门神、井圈及回收原有木料、门窗外，其余皆为苏州旧建材市场采购、匹配。

"八咏堂"祠内匾额、对联均出自著名书法家之手，有中国书法家协会会员王日曦，上海市书法家协会会员郝耀庭，上海海天书画院院长刘伯华，西安市书法家协会会员章国东，中国剪报社社长、总编王荣泰，中国书法家协会会员朱俊民，老书法家邹卓尔、声雷等人的墨宝。

"八咏堂"的堂名是在清咸丰二年祠堂始建时，取自沈氏五十二世先祖沈约（字休文）公在南朝齐隆昌元年（494）东阳郡（今浙江金华）太守任上赋《登云畅楼八咏》诗之"八咏"二字，不仅是缅怀纪念先祖沈约休文公，亦是浙江金华"八咏楼"之延伸。

沈约（441—513），字休文，吴兴武康（今浙江湖州德清）人，南朝梁文学家、史学家。出身于门阀士族家庭。沈约是当时文坛的领袖，学问渊博，精通音律，与周颙等创四声八病之说，要求以平、上、去、入四声相互调节的方法应用于诗文，避免八病，这为当时韵文的创作开辟了新境界。其诗与王融诸人的诗皆注重声律、对仗，时号"永明体"，是从比较自由的古体诗走向格律严整的近体诗的一个重要过渡阶段。著作有《宋书》《沈隐侯集》辑本二卷。又曾著《四声谱》《齐纪》等。历史典故"不计前嫌""只认沈郎""发明四声""沈约瘦腰"等，均与沈

第二部分 文物保护建言

约有关。

沈氏之辉煌至南朝梁见于史者158人,38人有正传。齐梁陈间皇后3人,尤以嫡系六十四世先祖沈震之胞妹珍珠为甚,唐德宗于建中元年,遥尊生母沈氏珍珠为皇太后。下诏一日,拜封127人,诏制皆锦翠池饰,以厩马负载赐其家。尚主(匹配皇家女儿)者5位,仕宦之多,至今为江南冠。繁衍鼎盛,有"江南无二沈"之说。

常州政协文史馆馆长沈建钢、常州市规划部门规划师张文珺、沈澍、常州市文博鉴赏学会主席包立本等专家实地考察后,一致认为该祠堂建筑有特色,布置有内涵,家族有名人,是经开区现仅存的一家沈氏宗祠。为此建议将其公布为市文保单位或一般不可移动文物。

(提案人:包立本 附议人:钱月航、周平凡、庄文谦、刘琨、顾鼎武、卫新 报送时间:2022年2月)

我与文物保护的那些事

关于牛塘老街历史文化遗存保护的建议

常州市政协第十五届一次会议第 0112 号

京杭大运河重要组成部分的南运河,据南宋《咸淳毗陵志》记载:"游塘桥在县西南十八里,跨西蠡河,直广惠行庙","广惠行庙在县南水门外游塘村"。因《咸淳毗陵志》的许多内容是录于唐代《常州图经》(失传)的记载,可见牛塘桥及老街已有 1000 多年的历史。牛塘老街历经沧桑,保存至今,是常武地区悠久历史的见证。

目前,为了推进江苏理工学院异地新建项目的要求,实施常州苏南运河东龙路片区城市更新项目,牛塘老街正在拆迁之中。事实上,此地距离江苏理工学院异地新建项目甚远。

另据本市文保专家现场考察,沿南运河边的牛塘老街,虽然陈旧,却也是黛瓦灰墙,独具风韵,行走在巷子中,也能体会几分古朴幽静。毕竟牛塘老街在过去曾经是牛塘镇的中心,邮电局、中心小学、广播站、牛塘饭店都坐落于此。在牛塘老

牛塘老街旧影

第二部分　文物保护建言

街的众多老房子中,有数栋老房子特别引人注目,分别是清末民初时期修建的孙宅、何宅、张宅、许宅等(已经列入常州市一般不可移动文物保护名录或常州市历史建筑保护名录)。

牛塘老街何宅旧影

这几处建筑正是清末民初这两个时期具有代表性的建筑物,类似的还有广惠行庙遗迹牌坊柱,广惠行庙为纪念汉代治水英雄张渤的庙宇,也称祠山庙、祠山殿,属于地方上规模较大的庙宇。牛塘镇在过去相当长一段时间也叫广惠镇。另外,保元堂药店等一批历经沧桑的建筑依旧保持着当年的模样,在目前常州武进地区尚属保存较好、少见的古建筑。

近日中办、国办在《关于在城乡建设中加强历史文化保护传承的意见》中要求:"严格拆除管理。在城市更新中禁止大拆大建、拆真建假、以假乱真,不破坏地形地貌、不砍老树,不破坏传统风貌,不随意改变或侵占河湖水系,不随意更改老地名。切实保护能够体现城市特定发展阶段、反映重要历史事件、凝聚社会公众情感记忆的既有建筑,不随意拆除具有保护价值的老建筑、古民居。"

2021年2月28日,江苏省人民政府文件苏政发〔2021〕20号《省政府关于印发〈大运河江苏段核心监控区国土空间管控暂行办法〉的通知》第四条规定:"核心监控区涉及徐州市、宿迁市、淮安市、扬州市、镇江市、常州市、无锡市和苏州市。与大运河文化遗产保护相关

我与文物保护的那些事

的历史河道可参照本办法执行，有条件的重要支流可参照执行。"

因此，像在大运河组成部分南运河畔的牛塘老街这样具有保护价值的老建筑、古民居和街区核心地区，建议在城市改造中，能加以保护。第一，凡是列入常州市一般不可移动文物保护名录或常州市历史建筑保护名录的古建筑一律不能拆迁和移建；第二，邀请常州文史文物专家对未列入常州市一般不可移动文物保护名录或常州市历史建筑名录的古建筑进行认证，应保尽保。

2022年5月24日《常州晚报》报道

2022年5月28日《常州日报》报道

我们支持城市建设，但希望在此次牛塘改造中，鱼和熊掌兼得，将有价值的古建筑保护下来，作为小区的配套公共设施，为老城厢的复兴添砖加瓦。

（提案人：包立本　附议人：钱月航、周平凡、庄文谦、刘琨、顾鼎武、卫新　报送时间：2022年2月）

第二部分　文物保护建言

社情民意篇

建议筹建常州地区两院院士事迹陈列馆

（社情民意）

近期，中国科学院和中国工程院两院 9 位院士回家乡探亲并进行学术交流，在常州地区科学界、文化界引起了轰动，成为全市关注热点。自 1955 年两院评定第一批院士迄今，常州地区共产生了 61 位院士，为常州增添了无比的荣耀，令家乡父老骄傲。然而，令人遗憾的是，周边的无锡市很早便在吴文化公园内创建了"无锡地区两院院士馆"，而常州，至今

孟宪民故居（出生地）旧影

孟宪民故居（读书楼）旧影

我与文物保护的那些事

尚未建有类似的两院院士馆。

为此，我建议，可否在市中心乌龙庵地块改造中，保留常州市区所存不多的两院院士故居遗存——中科院第一批院士、著名地质学家孟宪民的故居，将其改造成"常州地区两院院士事迹（成果）陈列馆"，以弘扬院士的精神，激励后学。

孟宪民（1900—1969），字应鳌，常州人，1900年2月2日出生于一个职员家庭。1905—1908年在家乡读私塾，后随父亲到湖北汉口上学。1918年中学毕业后，以优异成绩考入北京清华学堂高等科。1919年参加了五四爱国运动，1922年毕业后公费赴美国留学，获美国科罗拉多矿业学校工程师职称，1926年进入美国麻省理工学院研究生班继续深造，1927年毕业，获硕士学位，留校任教。

同年，北京大学地质系李四光教授受蔡元培委托筹建地质研究所，孟宪民应李四光聘任回国共同筹建该所。1934年，孟宪民赴云南调查个旧锡矿，并参加了中缅边界所未立界的勘察工作。1937年任行政院资源委员会锡矿工程处主任，再赴云南主持个旧锡矿的勘探和开采，他设计的两口矿井改变了土法采矿的落后面貌，使个旧成为重要锡矿基地。1946—1952年，孟宪民任清华大学地质系教授。1952年参与筹建国家地质部，任地矿司副司长。1955年当选中科院首批委员（院士）。1959年起历任地质科学院副院长、院长。孟宪民注重学术理论研究，是"同生矿学说"的最早倡导者，一代学派创始人。一生著述众多，有20多部，是中国著名的矿床地质学家，在国内外科学界有较大的影响。

孟宪民故居位于北大街乌龙庵地区，共两处。其中乌龙庵70、72号建于1889年，由其母孟常贞筹建，硬山造，典型的清代建筑，占地面积约250平方米。原有八字大门，现已改建。整座建筑由门厅、南厢房、天井、北厢房等组成，南厢房为孟宪民出生地。当年，孟宪民的堂兄、著名教育家孟宪承亦曾借居于此。另一处为乌龙庵1号，民国建筑，三层楼，砖木结构，为孟宪民读书楼。目前，两处故居均保存完整。

第二部分　文物保护建言

当前，随着市政府旧办公楼的搬迁，乌龙庵地区即将进行改造，这是一项利国利民的大工程，我们为之欢欣鼓舞。借此机会，如果我们能借鉴上海"新天地"的经验，保留这一地块的古建筑（名人故居），并加以改造利用，这将是旧城改造和文物保护双赢的新模式。我们衷心希望有关部门能考虑这一建议，进行调研、制定方案，使院士精神发扬光大。

两院院士是常州的财富，继承、弘扬院士精神和风格是我们义不容辞的责任。因此，筹建常州地区两院院士事迹（成果）陈列馆是一项深得人心的文化工程。愿此馆早日列入筹建计划。

（建议人：包立本　原刊于 2006 年 10 月 20 日《常州日报》）

关于常州创建国家历史文化名城的三点建议

（社情民意）

常州是一座具有6000年悠久文明史和2500年文字记载史的江南古城，历代人文荟萃，历史遗存丰富，完全具备国家历史文化名城的资格，但由于在前三次申报国家历史文化名城的紧要关头，出现了拆除文物的行为，所以到今天常州还没有申报为国家历史文化名城，这确实是令人遗憾的。如今常州新一届领导上任，对历史文化遗存保护有了全新的认识，提出了"申报国家历史文化名城只争朝夕"的口号，确实令人欢欣鼓舞，就本人对文保工作20余年的经验，特提出以下三点建议：

一、三处历史文化遗存要恢复

这三处历史遗存分别为清代大学士（宰相）刘纶旧居，民国时期中国乱针绣创始人杨守玉故居，民国时期中国同生矿学说创始人、云南个旧锡矿发现者孟宪民故居。这三处名人故居建筑精美，其主人影响深远，国家文物局及常州文保老专家们曾一再呼吁要保护，拆除后社会反响很大。

其中刘纶旧居原位于青山路80—90号，为刘纶祖母娘家姚宅，刘纶出生于此。房屋为硬山式清代早期建筑，共三进。头进为门厅；二进为楠木厅，东向大门为砖雕门楼，有鲤鱼跃龙门图案；第三进为清末重建，原建筑于太平天国年间被志王陈志书拆建南大街志王府。后为花园，临河有牌坊、码头等残迹。该旧居于2004年建造青山湾小区时被开发商拆除。

第二部分 文物保护建言

刘纶祖母娘家姚宅旧影

杨守玉故居原位于局前街顾家弄6号，是一座清代四合院建筑，落地长窗，具有典型江南宅院的特色。杨守玉是艺术大师刘海粟的表妹，曾于20世纪20年代开创了中国乱针绣的新技法，在国际上有较高知名度。乱针绣是江苏省非物质文化遗产，正在申报国家级非物质文化遗产。目前，丹阳与常州在争乱针绣的起源地，由于2002年常州为建造鹤苑新都小区，开发商将杨守玉故居拆除，所以乱针绣的起源地争议至今。如今常州为创建国家历史文化名城及申报乱针绣为国家级非物质文化遗产，杨守玉故居的恢复确实很有必要。

孟宪民故居原位于乌龙庵70—72号。孟宪民是1955年中国科学院第一批院士，曾于1952年参与筹建国家地质部，一生著述甚丰。孟宪民故居为典型的清代建筑，占地面积约250平方米，整座建筑由门厅、南厢房、天井、北厢房等组成。故居于2007年建造京城豪苑小区时，被开发商拆除。

以上三处名人故居均不是因为常州民生工程而拆，而是被房地产开发商拆除牟利，因此各级文保专家及社会民众痛心疾首。假如能予以修复，将为常州申报国家历史文化名城提供信心和凝聚力。

二、三处历史文化遗存不能拆

这三处建筑分别为元代名人专祠余阙庙，明代东林党领袖、礼部

我与文物保护的那些事

尚书孙慎行家庙孙家庵、中共革命先驱董亦湘故居。这三处重要的历史文化遗存目前正面临着被拆除的危险,因此保护刻不容缓。

元代名人专祠余阙庙位于雕庄。据了解,卞庄是大禹子孙余氏的聚居地。余氏是常州名门望族,自元末明初,元朝名臣余阙守安庆城,被陈友谅战败身亡后,余阙的儿子避难来常落户卞庄,至今已有650多年。余氏子孙耕读传家,人才辈出。洪武年间,明太祖朱元璋为表彰其忠义,特下令在江南常州卞庄、安徽安庆、武进东安等三地敕建纪念余氏专祠。余阙庙巨石累累、翚栱兽环。传说祠内供奉大禹王圣像,明清两代,常州府官员在此祈福求雨……余阙庙曾于清光绪七年(1881)由余氏子孙集资重修,后改称卞庄庵。卞庄庵占地约250平方米,原有三进数十间房屋,还有一座戏楼。目前,两进五开间的房屋尚存,尤其是第二进的两层楼屋,其封火墙形制独特,为常州少见,是常州优秀的古建筑。因凤凰新城房地产开发,已被列入拆迁范围。

孙家庵又称净观禅院,位于常州市区南园,系明万历年间礼部尚书、东林党领袖孙慎行家庵。清光绪十九年(1893)由孙氏女孙妙行重建。"文化大革命"中佛像、法器等被毁。1984年重修,存佛殿二进各三间。大殿面阔9.80米,进深10.20米,硬山造木结构,殿内嵌民国碑刻两块,记载该庵兴建史实。由于市一中要扩建校区,该庵已被列入拆迁范围。

董亦湘曾介绍中共领导

董亦湘故居旧影

第二部分 文物保护建言

人陈云入党。先后担任中共上海商务印书馆第一任党支部书记、中共上海地方兼区执行委员会委员等。董亦湘故居现存平房一座三间，坐北朝南，硬山式砖木结构。山墙内侧明排竖柱，南檐外超墙面60余厘米，鱼形穿枋头出露檐下，并饰有云纹浮雕，建筑颇具清代风格（东山墙面上半部已非原筑）。故居面阔10米左右，进深7米余。建筑面积约65平方米。故居正中为厅堂，东次房为董亦湘卧室，南向明间为半墙半窗（木格短窗），室内尚保存有董亦湘烈士生前家居时的床柜、梳妆台、箱笼等遗物。目前已列入拆迁范围。

以上三处历史文化遗存应该立即停止拆迁，予以保护，并公布为第六批文保单位或第三批历史建筑。

三、对历史文化遗存保护工作的三点要求

1. 历史文化遗存又称不可移动文物，原则上是不可任意搬动的。在以往，常州为了给开发商谋取利益，将许多文保单位和控保单位任意搬迁，比如原位于西瀛里的庄起元故居、太平天国志王府、邹浩祠、瞿秋白读书处庄氏塾馆等为了莱蒙都会开发房地产的需要，通通搬迁到了早科坊东边。原位于周线巷58号的恽思赞故居（恽氏庭院），为了建造世家华庭房地产，搬到了远离市区的殷村。如此种种，不一而语。中央电视台《焦点访谈》栏目因此予以曝光，在全国文保界造成了很坏的影响。所以为了挽回影响，今后常州在文保工作上一定要严格执行文物保护法的规定，任何文物不得随意搬迁。

2. 修缮中不能改变文物的形制。位于马山埠的黄仲则故居，原占地7亩，有轿厅两间，楠木大厅三间，花厅、后屋及东西厢房。因建筑规模宏大，保存完好，1964年被常州市人民委员会公布为首批文保单位。前几年修缮时，为了给开发商腾出地皮搞房地产开发，将黄仲则故居后几进建筑拆除造店面楼，如今修缮后的黄仲则故居仅存一个四合院，与原形制大相径庭。另外还有庄起元故居，原有七进建筑，如今让位房地产开发搬迁修缮后，仅存一个回字楼。文物专家看后意见很大。所以今后任何文物修缮都不能改变文物的形制，要原样保护。

我与文物保护的那些事

3.修缮文物要修旧如旧。中国古建筑均为青砖黛瓦,砖木结构,而以往常州在古建筑修复中,一些建筑采用了钢筋水泥加红砖的新式工艺,因此修缮后的文物不伦不类。比如,前后北岸许多古建筑修缮后一派新气象,完全没有古建筑那种民族建筑的风格。所以,常州在今后修缮文物中要严格按照修旧如旧的工艺来修复。

相信常州在新一届政府的英明领导下,能克服过去的弊端,全体民众团结一致,全民共同参与,重视文保工作,常州一定会申报为国家历史文化名城!

(建议人:包立本 报送时间:2011年11月)

以文化名城保护为使命

民建市委文化工作委员会内集聚了一批以服务常州国家级历史文化名城创建为使命的会员,他们参与编撰《常州青果古巷》,为青果巷修复提供了一份详实的人文历史地图;他们向市委、市政府提出常州历史文化遗存的恢复、禁止私拆以及遗存修复的建议。

2013年,他们要为服务历史文化名城建设做好三件事:一是与市文博鉴赏学会合作,对常州境内现存的古建筑调研摸底,为我市公布第三批历史建筑提供信息史料和图片。二是广邀民间文化学者召开以保护文物、修复文化遗存为主题的座谈会。三是组织编撰《常州宗教遗存》一书,为常州保护宗教文物,传承宗教历史出力。 史卫娟

2013年5月2日《常州日报》报道

第二部分　文物保护建言

关于恢复"乌龙庵"老地名的建议

（社情民意）

常州京城豪苑小区9—11幢西边（南北向）道路最近竖起了地名牌——"双贤里"。据了解，这是常州市民政局区划处、常州市荷花池街道等单位为了传承常州人文历史、弘扬龙城地名文化的一个举措，值得赞赏。然而，"双贤里"原先是东西向的，此处原本是"乌龙庵"老巷旧址（"乌龙庵"是南北向的），因此市民议论纷纷。本来相关部门是想做件有意义的事，但效果却适得

乌龙庵鸟瞰旧影

乌龙庵明代石板路旧影

我与文物保护的那些事

其反。有鉴于此,本人特郑重建议恢复"乌龙庵"的原地名,理由如下:

1. 尊重历史、尊重事实。根据清代《常州城坊厢字号全图》记载,乌龙庵北到双贤里(今少年宫马路对面)、南到武进县衙(原常州市政府围墙),全长233米。也就是现在定名"双贤里"的位置。

2. 乌龙庵名人辈出,出过历史学家孟森、教育家孟宪承、地质学家孟宪民、名医包健翔等名人,还有国家航空航天部科学院原党委书记包文进、外交部原副部长武大伟的夫人和女儿等,他们均居住过此巷,在全国有较高知名度。

2014年9月17日《常州日报》报道

3. 乌龙庵是龙城常州龙文化的重要组成部分,相毗邻的化龙巷、乌龙庵、龙城里是龙城常州的脊背,唇齿相依,缺一不可。

4. 位于乌龙庵南首的大陆饭店是常州市人民政府公布的文保单位,市政府公布的大陆饭店门牌号码是乌龙庵2号。如果此处地名定为"双贤里",那与市政府公布的门牌不一致,牛头不对马嘴,"大天不对五六(常州方言)"。

5. 乌龙庵古巷历史悠久绵长,地名来历传奇动人,文化内涵丰富多彩,保留乌龙庵地名就是保留常州一段珍贵历史和记忆。

为此,本人郑重建议各相关部门能听取民意,恢复"乌龙庵"的原地名。

(建议人:包立本　报送时间:2014年7月)

第二部分 文物保护建言

关于再次恢复"乌龙庵"老地名的建议

(社情民意)

在"乌龙庵"老地名消失 8 年之久后，2014 年 8 月在市民政局区划处的协调下，在京城豪苑开发公司的配合下，在荷花池街道的支持下，在本人的呼吁下，"乌龙庵"老地名曾经恢复。"乌龙庵"东起化龙巷，西到北大街，是常州市中心的主干道之一。奇怪的是，三年后的今天，"乌龙庵"又突然变成了"大成路"，而且询问市民政局区划处、荷花池街道、北大街社区、北大街派出所、高扬物业公司等单位，都表示不知晓此事，怪哉怪哉！

"乌龙庵"老地名的恢复，有以下意义：

1. 尊重历史、尊重事实。根据清代《常州城坊厢字号全图》记载，乌龙庵北到双贤里(今少年宫马路对面)、南到武进县衙(原常州市政府围墙)，东到化龙巷木桥头，全长 233 米。也就是现在恢复"乌龙庵"地名的部分原址。

2. 乌龙庵名人辈出，出过历史学家孟森、教育家孟宪承、地质学家孟宪民、名

> **会议纪要**
>
> 时间：2017 年 7 月 21 日
>
> 地点：常州市民政局区划处
>
> 内容：根据荷花池街道居民意见，为尊重历史，保护老地名需要，经区划处、市管处、荷花池街道、地名专家代表协商，一致同意将位于京城豪苑附近，东起化龙巷，西至北大街的道路由"大成路"更名为"乌龙庵"。
>
> 区划处签字：
> 市管处签字：
> 荷花池街道签字：
> 专家代表签字：

再次恢复"乌龙庵"老地名会议纪要

我与文物保护的那些事

医包健翔等名人，还有国家航空航天部科学院原党委书记包文进、外交部原副部长武大伟的夫人和女儿等，他们均居住过此巷，在全国有较高知名度。

3. 乌龙庵是龙城常州龙文化

在作者和薛焕炳建议下再次恢复了"乌龙庵"老地名

的重要组成部分，相毗邻的化龙巷、乌龙庵、龙城里是龙城常州的脊背，唇齿相依，缺一不可。

4. 位于乌龙庵东头南首的大陆饭店是常州市人民政府公布的文保单位，市政府公布的大陆饭店门牌号码是乌龙庵2号。此处恢复老地名定名为"乌龙庵"，与市政府公布的门牌一致，名副其实。

5. 乌龙庵古巷历史悠久绵长，地名来历传奇动人，文化内涵丰富多彩，保留乌龙庵地名就是保留常州一段珍贵历史和记忆。

老地名里承载着民众记忆、承载着文脉延续。老地名的激活与复苏，是保留文化符号、传承文脉的重要手段。城市的发展永远不可能割裂历史而独存，某种程度上，一座城市软实力在文化方面的体现是一脉相承的。老地名的延续或者恢复，成为向世人展示当地历史和人文价值的宝贵载体。哪怕依附在地名上的建筑早就不存在，但剥离了实物的老地名，仍然具有很强大的精神内涵。

因此希望各相关部门能听取民意，再次恢复"乌龙庵"的原地名！

（建议人：包立本　报送时间：2017年7月）

第二部分　文物保护建言

青果巷历史文化街区的保护和开发建议

（社情民意）

青果巷历史文化街区始建于明万历九年（1581）前，位于常州古城南部地段，东至琢初桥，西通南大街，南为护城河，是一条依河而建的古巷。清乾隆年间，临靠运河的青果巷成了南来北往各类果品的集散地，船舶云集于此，人们在沿岸开设各类果品店铺，旧有"千果巷"之称。《常州赋》云："入千果之巷，桃梅杏李色色俱陈。"因常州人发音"千""青"不分，传到后来就成了青果巷。

数百年来，名宦巨绅、文人雅士的聚居赋予了青果巷书风盈巷、人文荟萃的特征，呈现出"深宅大院毗邻，流水人家相映"的空间格局和江南水乡传统民居的风貌特色。巷北大多为旧时的书香门第和官宦富家，院套院，宅连宅，其间穿插不少室内备弄，狭窄幽深，寻步之中，犹如身陷八卦阵。巷南则多为普通民居，青砖小瓦，小桥流水，带着泥苔的青石板路湿滑留痕，形成典型的江南民居群落。

早年，青果巷是常州名门望族的聚居地。常州城素有"刘半城，庄一角，青果巷唐家半条街"之说。毗陵唐氏历史悠久，早在宋朝时，翰林院检讨唐华甫就定居常州。明朝时，唐家建的"唐氏八宅"——八桂、易书、筠星、松健、礼和、四并、复始、贞和八堂，盛极一时。"唐氏八宅"也由此成为小巷古建筑的脊梁，在中国古建筑史上都能彪炳千秋。经过时代变迁，目前尚存的八桂、贞和、筠星、礼和、松健五堂成了青果巷古建筑的精华。黛瓦、粉墙、老旧的石库门和门楼，尽管已斑驳、残破，仍可一窥当年"钟鸣鼎食之家"的风貌。

由于青果巷里的民居宅第都顺巷而建、临水而筑，构成了江南典

我与文物保护的那些事

型的"因水成街""因水成市""家家枕河"的特有景观。这条千百年来形成的恬静幽深的小巷与巷中古朴典雅的石桥,粉墙黛瓦的屋宇,飞檐翘角、雕梁画栋的门楼……都是古城常州引以为荣的文化遗存。

青果巷名胜众多,如祠堂、戏楼、牌坊、钱庄、药局、桥梁、古井、古树名木,有案可查的古迹就有几十处,被称为常州"活的历史民俗博物馆"。青果巷205号,原是明清就有的先医庙,又名医学祠,始建于明洪武五年(1372),其屋舍今仍保存。门口还有明清碑刻,记载了常州的医学史。庙内原有伏羲、神农(炎帝)、黄帝及岐伯(传说中的古代医家)等名医神像,供人祭祀。

青果巷名人众多,从这条长仅千米的小巷,走出了近百名进士和几十位文才武略、享誉中外的知名人士。其中的佼佼者,古有明朝抗倭英雄、"嘉靖三大家"之一唐荆川,清乾隆十年(1745)状元钱维城,清末萍乡煤矿总办兼汉阳铁厂总办张赞宸;近有民国元老庄蕴宽,故宫博物院创建人之一吴瀛,近代中国工商业的开拓者盛宣怀,爱国实业家、"纺织巨子"刘国钧,中共早期革命家、新文化运动的倡导者瞿秋白,中共早期的重要领导人之一张太雷;当代则有国际著名语言学家、作曲家赵元任,"七君子"之一的史良,语言文字学家周有光,画家、美术教育家刘海粟以及剧作家吴祖光等。

第二部分 文物保护建言

如此众多鹊声海内外的名人都出自一条小小的古巷,这在全国也极为罕见,正如清代词人龚自珍赞美常州的诗句:"天下名士有部落,东南无与常匹俦。"

时至今日,众多古迹快速消失。在常州,青果巷则成为一处发思古之幽情、寻觅祖先生活轨迹的圣地。这青果巷,不仅仅是一条小巷,更是古城常州的文脉所在。它凝聚了数千年常州古迹的精华和人物精英,也凝聚了常州城市品格和人文传统的精华。它是常州人的面孔、常州人的情怀,更是常州人的灵魂和希望。

就青果巷历史文化街区如何保护和开发,特提出以下建议:

1.青果巷保护,应该强化"河—民居—街—民居"的历史格局。保护历史形成的青果巷、天井巷、南市河的空间格局、尺度与传统风貌,控制沿河、沿街建筑高度,对沿街、沿河建筑风貌进行整治,强化"河—民居—街—民居"的历史格局。对街区内的历史街巷,保持和延续其传统格局、肌理和尺度。对现存的部分街巷进行疏通,并在主要出入口和街区的核心地段规划适度的节点空间。

鼓励传统商业,争取传统老字号名店入驻;鼓励发展经营传统工艺和文化产品的商铺、茶肆和产商结合的手工作坊;改建或重建类建筑用地引入的新功能宜为文化、展览、餐饮休闲、居住、小型旅游商业

等。街区内不允许建设工业、仓储、大型商业与金融办公等可能造成污染、体量过大、人流密集的设施。

街区内的文保单位规划以历史展示、文化交流场所功能为主;街区内改建或重建类建筑用地将调整为综合用地,功能以社区配套设施、商业、会所、旅馆为主。通过建筑与环境整治,基础设施配套,改善和提升原有居住用地类别,并配建社区中心一处。

2.建议形成青果巷、天井巷、南市河三条景观轴。保留现有公共绿地、单位附属绿地和其他绿地。建议恢复八桂堂、筠星堂、恽鸿仪故居内的园林、庭院。加强对古树名木的保护工作,古树名木挂牌保护,加强养护管理。

规划区内景观系统主要由景观轴线和景观节点构成:"景观轴"有三条,沿青果巷形成景观主轴,沿天井巷、南市河形成两条景观次轴;"节点"包括天井园、陶园、恽公樾宅、恽宅后花园、千果园等,以及位于青果巷、古村路与正素巷交界处的两片入口空间以及位于规划步行桥处的码头。

3.街区内交通以步行为主,外围设停车场。针对青果巷历史文化街区交通嘈杂、组织不畅的状况,提出以下措施加以解决:(1)街区内交通以步行为主;(2)维持原有道路格局、街巷尺度和道路路面铺砌方式;(3)外围道路尽快实施到位,引导机动车交通流不进入历史街区;(4)充分考虑历史街区的停车需求,配备停车场。

针对青果巷历史文化街区基础设施不完善的状况,提出以下措施加以解决:(1)组织编制青果巷历史文化街区市政专项规划,在保护青果巷历史文化街区的整体风貌、保存历史遗存和原貌的前提下,因地制宜,配套、完善市政基础设施,提高生活质量,改善居住环境;(2)将给水、排水、供电、通讯、燃气、路灯等现代生活的管线设施敷设尽可能进入整个街区内,提高街区内居民生活质量;(3)各种管线尽可能采用地埋的形式,以减少对街区整体风貌的影响。

(建议人:包立本　沈　澍　报送时间:2016年11月)

第二部分　文物保护建言

将近园从常州宾馆分离出来并整修开放的建议

（社情民意）

近期，刊登在中国常州网上的一则常州宾馆破产公告，引起各界关注。因为常州宾馆内有国家级文保单位、常州四大古典园林之首的近园。

在本人所著《常州文物古迹》（方志出版社 2007 年版）一书中记载——

近园位于常州市长生巷今常州宾馆内。

园主杨兆鲁，名青岩，清顺治九年（1652）进士，康熙初年任福建按察副使，著有《遂初堂文集》。康熙六年（1667），杨兆鲁辞官返乡后，于旧居注经堂后购地六七亩兴建园林。该地基原为明万历三十二年（1604）进士恽厥初所建的西园，明亡后恽氏将崇祯皇子、永王朱慈炤藏匿此园，后永王在魏村一带被捕招供，恽厥初被株连入狱，不久放归后逝世，此即"西园之难"。至康熙初年，败落的恽厥初曾孙恽安宗将荒废的西园卖给杨兆鲁建园。园历 5 年而竣工，因这座园林只是"近乎似园"，故命名为"近园"。杨兆鲁邀请著名画家恽南田、王石谷、笪重光等在园中雅集。杨兆鲁撰写《近园记》，恽南田手书后刻石并赋诗十二章，王石谷绘《近园图》，笪重光题跋，一时传为盛事。题记残碑仍留园中。同治初年（1862），园为福建按察使刘翊宸所有。后因刘经营失败，于光绪十一年（1885）由盛宣怀的岳父董蓉初经手以 6 万两白银卖给恽厥初后裔、时任汉黄德道的恽彦琦，改名"复园"（后又称"静园"）、"恽怀永堂"，以纪念先祖和明永王。民间俗

我与文物保护的那些事

近园

称"恽家花园"。近园的宅第部分20世纪70年代曾寓居过中国现代新闻界四杰之一的恽逸群。

近园南北长80米,东西宽64米。"西野草堂"居中,堂前凿池叠山,假山在水池中间,黄石堆砌亭榭、书斋、轩馆、回廊,均依山而建,各处缀以不同景色。"见一亭"伫立假山之上,西植一片竹林。山前隔水安置一组建筑:左为"天香阁",右为书斋"安乐窝"。临池有"得月轩"。园西回廊曲折起伏,与北面的"秋爽亭"相接,东侧岸前有"虚舟"伸出水面,使"虚舟"进入"容膝居",从这里向右通过贴在水面上的一座小巧的石拱桥登上假山,盘行而上,有"三梧亭",亭下为"垂纶洞",石磴径路,洞壑曲折。洞口临水面,映入水中倒影,有水石之妙趣。园内广植各种树木,高柳疏榆、紫薇翠柏、玉兰秋桂,点缀山间阁后,景色悠然,享有"城市山林"之美誉。

近园为文人荟萃名园,除恽南田、王石谷、笪重光等人外,尚有方邵村、龚百药、董文骥等许多著名文人常来园中做客,留下不少唱和近园的诗文。园中原有一些匾额也都出于名家之手笔。现东廊内墙上嵌有书条石37方,石高32厘米,宽83~90厘米不等,中有雪浪洪

第二部分 文物保护建言

恩、何焯等撰书,杨兆鲁撰《近园记》前文佚缺,尚存结尾及笪重光的题跋。

　　该园占地不广,但布局精巧;山水不多,但曲尽画理;建筑不繁,但错落有致,其构图、叠石艺术具有一定的时代风格,极具明末清初江南古典园林的特色。

　　遗憾的是,近园建成至今的300多年来,从未对外开放过——新中国成立前是私家园林,新中国成立后是国家宾馆,改革开放后是改制私产,可谓"养在深闺人未识",民众无缘一睹芳容。

　　为此,建议:趁此次常州宾馆破产清算之际,将近园从常州宾馆分离出来,交文物部门,或者园林部门管理,整修开放,与附近的恽代英住地、吕思勉故居、恽逸群故居、大陆饭店旧址等文物古迹、历史遗存连成一片,成为弘扬常州名人文化,传承龙城人文历史的又一个基地。

(建议人:包立本　报送时间:2019年1月)

关于焦溪古村保护和开发的建议

（社情民意）

焦溪中市桥

焦溪的人文历史

焦溪村位于江苏省南部，长三角中心地带，隶属常州市天宁区郑陆镇，地处常州、无锡、江阴三市交界处，西距常州市中心约20公里，东北距江阴市区15公里。焦溪地处太湖平原，地势低洼，秉承了江南水乡的特点，河流水系丰富，核心保护区10.09平方公里，拥有883间民宅，常住人口约1200人，自古以来，水路交通均较为便捷。古村落山环水绕，东北至东南沿线有舜山、凤凰山、秦望山、鹤山、石堰山等绵延的山脉，印证了常州古称"延陵"之意，舜河穿村落东侧南北向通过，是古村落形成发展的

第二部分　文物保护建言

重要水系。

焦溪地名的来历,有三种说法——

其一,据清乾隆年间的《焦溪不宜建坊碑记》记载,唐元和年间一隐姓埋名的读书人焦先生隐居于此,因此称此地为焦村。知名禅师鸟巢禅师与焦先生是故交挚友,因焦先生用酒糟垫底扣肉宴客与他,鸟巢禅师遂将焦村称为焦垫。

其二,据明万历年间的《毗陵高山志》记载,元朝末年,江阴虞门桥有一个教书先生叫焦丙,被淮阴皇觉寺的方丈请去教小和尚念书。当时,朱元璋也在皇觉寺做和尚,跟着焦丙念了几年书。后来,朱元璋参加了反抗元朝的起义,焦丙则回家服侍母亲。明洪武元年(1368),朱元璋建立了明朝。他想起当年教自己念书的焦丙是个好人,就派官兵寻他。焦丙进京之后,朱元璋除了大鱼大肉、好菜好饭招待他,还准备封他做官,并拿出金带、玉带、角带尽他选。焦丙再三推辞,最后勉强接受了角带,成为一个千户。焦丙做惯了教书先生,对官场上的一套实在不适应,不久便萌生了辞官的想法。他担心朱元璋不答应,就来了个不辞而别,隐居到舜河边上,办了一个私塾。由于焦丙肚皮里墨水比较多,加上人缘又来得好,附近的老百姓都乐意将自己的小孩送过来念书。于是,这里便称为"焦塾"。

清代,由于"塾""垫"难分,"垫""店"又同音,于是此地称为焦店。1941年2月4日,日军火烧焦店,后重开龙溪河,为了以水克火,遂改为"焦溪"。

其三,从晋代到明代,先民在此地兴修水利,用干土垫出来的高地,故名"焦垫",后衍化为"焦店"。

焦溪的历史最早可追溯至中华民族人文始祖尧舜禹的时代。4000多年前,黄河流域的杰出领袖虞舜南巡来到高山安营扎寨,开荒造田,盖房掘井。虞舜开掘了一条长约10里的大河,解决水

我与文物保护的那些事

涝之苦,保证了粮食丰收,而且促进了商贾舟楫往来,带来了贸易的便利和市场的兴旺,留下了"德为先,重教化"的舜文化精神,对当地经济和社会发展,尤其是道德文化建设产生了极其深远的影响。到了春秋战国时期,季札追随圣人足迹,来此耕读隐居17年,最后终老于斯。另外,此地还出过明朝成化元年的举人翟永龄、清朝乾隆年间的学者是镜等许多名士。由此可见,焦溪历史源远流长,人文底蕴深厚。

在唐代,焦溪凭借其区位优势形成了集镇雏形,直至清朝中叶成为常州东门外的大集镇。抗战前夕达到商业的鼎盛时期,焦溪镇上店铺林立,门类齐全。商店有200多家,涉及粮食、生猪屠宰、蒲包、木材、典当、银楼、戏院、客栈等30多个行业,成为江南重要的商贾地。

历史上的焦溪,老舜河、龙溪河、西街街河、南溪小河等穿村而过,形成了桥多、街多、弄堂多的特色。现存一条龙溪河穿村而过,以及"四桥、七街、两巷、十三弄",特别是现存的街巷、弄堂多形成于清朝和民国时期,纵横交织,有宜人的步行网络。另外,焦溪村内现存约3.5万平方米清代、民国时期的传统建(构)筑物,其中12处各级文物保护单位,18处常州市第三次全国文物普查登录文物点,以及40处历史建筑(含候选历史建筑)。该古村的建筑不仅具有江南建筑粉墙黛瓦的特色,还具有独特的地域性,特别是古村内众多建筑的东西山墙、前后包檐约有一半用黄石砌筑,其独特的建筑材料体现了鲜明的地方特色,檐口、门窗、屋脊、屏风墙、木作装饰、地面铺装等细部体现了焦溪原住民就地取材、因地制宜形成的建筑艺术特色。

其历史积淀,在非物质文化层面,焦溪的"二花脸"猪、白切羊肉、团子、特色水果等风味特产历史悠久、远近闻名。其中,焦溪特产"二花脸"猪,始于春秋,归功于在此隐居的"延陵季子",由他将

第二部分　文物保护建言

山上的野猪驯化而成。20世纪80年代,"焦溪二花脸"被评为中国十大地方良种猪之一,被国际畜牧界誉为"世界猪种产仔之王",名列"国宝"。据明朝万历年间编撰的《高山志》记载,焦溪古镇那时种植的水果就有桃子、梨子、葡萄、樱桃、石榴、柿子、枣子、栗子等十多个品种。1999年,焦溪被评为"常州市水果之乡"。"常溪"牌水果被评为"常州市知名商标""江苏省著名商标"。舜山周围各村,已经连续多年举办梨花节等,吸引了成千上万的游客前去采摘、观光。

焦溪村是一个保存着一定规模的具有原真历史信息的物质实体,有较为完整的传统街巷、水系、古建筑、古桥、古树等要素。焦溪是江南水乡以"黄石半墙"建筑技艺为特征的南地北风。

焦溪传统村落是山水资源兼备、风貌格局完整、明清商贸典型的代表村镇,是华夏古圣贤崇德尚学、归隐终老的文化纪念地,在江南乃至全国都有典型意义,具有较高的历史、文化价值。

天宁区郑陆镇焦溪村于2014年2月19日成功入选第六批中国历史文化名村,2014年11月17日成功入选第三批中国传统村落名录。

焦溪堪忧的现状

经过我们的实地考察,发现古村焦溪的现状非常堪忧:

譬如已有几百年历史,被称为"龙溪"的街河,过去往西能到常州,往东南能进入太湖,是主干河的一段辅助,四季都可往返长江和太湖。东街和南街依河而筑,民宅星罗棋布石头驳岸码头,无数排水口构成生命延续的内涵。一直到居民用上自来水,抽水马桶和洗衣机功能方才开始应用,但因居民长年累月往河里排污,污秽堆积的龙溪就发黑发臭。加上20世纪80年代后期,地方政府为了建设需要,把活水河两头一堵,让龙溪变成一潭死水。

再如村东的鹤山原来像一只大乌龟,不光有鬼斧神工般奇特的造型，而且苍松翠柏成林，秀丽的山水让候鸟每年成群结队而至，给古村添来无限生机。但因近十几年的无序开采，鹤山已被吞噬近三分之一，而且部分山体还被改造成了公墓。

事实上焦溪的龙溪和鹤山，现在成了一条臭气熏天的死水河，一座毫无生气的废颓荒山，焦溪百姓整天生活在这种环境焉能健康和谐？

焦溪保护和开发的建议

我们认为对焦溪的环境保护已迫在眉睫，目前应督促政府有关部门立刻做好以下工作：

尽快改变龙溪发黑发臭问题，首先把居民排污管线彻底解决，再将因历史缘故被堵的龙溪两头与外面的活水接通。

立刻停止对鹤山的乱挖乱采，尽快恢复森林植被保护，并停止公墓的建设，今后逐步将公墓迁出，彻底还原这座人文荟萃、山清水秀古村的历史原貌。

根据《常州市焦溪历史文化名村保护规划》，对历史格局（历史街巷、历史河道、自然山水）、文物保护单位、历史建筑、优秀传统建（构）筑物、历史环境要素等物质文化遗存和各类非物质文化遗产在内的焦溪村历史文化遗存保护对象，进一步采取保护和利用措施，尽快确立焦溪村"一河、四桥、七街、两巷、十三弄、多圈门"的空间格局。

基于"真实保护、品质提升、风貌协调、合理利用"的原则，对村庄的特色产业引导、村庄建设安排、道路交通、基础设施建设等立刻提出科学、可行的规划对策，通过挖掘焦溪圣贤文化精髓，整合历史文化资源，以"古宅、古街、古巷、古弄、古河、古桥"为载体，展示以"黄石半墙"建筑为特色的江南水乡风貌，将焦溪村建设成为集生活居住、文化展示、休闲旅游等功能于一体的历史文化名村。

第二部分　文物保护建言

在保护村庄的历史文化遗存真实性和历史环境整体性的基础上,形成"有风景、有生活、有文化"的"千年古村·圣贤焦溪",让焦溪真正成为能与江苏的甪直、周庄、千灯、锦溪、沙溪、同里、黎里、震泽、凤凰、惠山,浙江的乌镇、西塘、新市、南浔等江南水乡名镇相媲美的文化旅游胜地,早日申报成世界级文化遗产,为常州市的文化旅游事业发展添砖加瓦。

（建议人:包立本　沈　澍　杨维忠　报送时间:2019年11月）

我与文物保护的那些事

关于樟村陆氏宗祠周边规划设计的一些情况和意见要求

（社情民意）

樟村陆氏宗祠是一代才女陆小曼的祖祠，已被列入市级文保单位加以保护。

宗祠的占地，在《樟村陆氏宗谱》中有明确记载，为一亩一厘（约679平方米），而现祠堂建筑只有480平方

樟村陆氏宗祠

米，说明门前广场至少还有200平方米也属于祠堂的一部分。在2008年列为市文物保护单位时，市规划局勘定保护控制范围为周边各10米，因为西边有民房，只得缩进1米，这是当时无奈之举。本着实事求是、具体情况作具体分析的原则，保护范围都是10米，南边门前广场也在宗谱记载基础上向南10米，这是完全可以修正的。

从目前丁堰街道公布的设计方案来看，紧贴宗祠门前10米保护线外就建幼儿园大楼，极为不妥，具体意见如下：

一、习近平总书记2018年10月24日在广州视察时指出，城市

第二部分 文物保护建言

文明传承和根脉延续十分重要,传统和现代要融合发展,让城市留下记忆,让人们记住乡愁。宗祠在先,现在建筑在后,应参照传统建筑设计,而不能去破坏宗祠的风貌。假如幼儿园建围墙,尽量避免用不锈钢、铁栅栏式,而应该参照中国传统粉墙黛瓦的围墙,这样的设计理念,才能符合传统和现代要融合发展的思想。

二、在祠堂门前建筑是不合适的,在祠堂门前10米保护范围外建筑也是不合适的,那样就把祠堂这个古建筑的风貌完全破坏了。这将留下遗憾。事实上,只要观念转变,完全可以把传统建筑和现代建筑综合考虑,设计出一个具有中国特色的建筑景点。

三、祠堂周边10米保护范围上建围墙,这在当年就向市文管会、市规划局报告过,只因资金而搁置。这次拆迁,市文管会、市文广新局、市规划局、武进区文广新局都一致同意建围墙。时任市委书记汪泉也批示"认真调查,妥善处理"。该祠堂理事会、管委会也向拆迁负责人要求,在拆迁补偿中一并解决。陆氏族人全部搬迁后,文物管理保护隐患很多,国家文物面临破坏的危险,理应做出补偿,建造围墙,加强保护措施。后来拆迁负责人也表示,在规划中可以一并考虑此事。所以应该请规划设计人员落实建造围墙的诉求,一并在规划中列出预算。根据上级文保主管部门要求,围墙要符合现有祠堂风格。

樟村陆氏宗祠,不仅是陆氏的,更是国家的,大家有责任来保护它、关心它,共同为建设新家园而努力。

(建议人:包立本 报送时间:2020年5月)

我与文物保护的那些事

切实保护好工商业旧址的建议

（社情民意）

常州，不仅是一座历史悠久的江南古城，也是一座经济发达的工商业城市，老城厢地区历史悠久、人文荟萃、底蕴深厚。但由于过去对老城厢工商业旧址的保护未引起相关部门的充分重视，导致在城市改造中，许多工商业旧址被无情地拆除，比如新毅毛纺厂、成余面粉厂旧址等均灰飞烟灭，成为文保史上永久的伤痛。因此，就老城厢复兴，我提几点建议：

一、加强老城厢工商业旧址的保护

工商业旧址承载着行业记忆，延续着历史文脉，是城市"软实力"的重要组成部分。像鼎泰元冶坊、厚生铁厂旧址等，建议停止拆迁，予以保护。

鼎泰元冶坊位于古运河畔西仓街35-1号，创建于清同治十一年（1872），不仅是老城厢工商业旧址、古运河畔历史遗存，更是红色文物。

中国共产党早期的重要领导人之一、中国共产主义青年团的创始人之一和青年运动的卓越领导人、广州起义的主要领导人张太雷，于1898年6月17日出生在西门外西仓街鼎泰元冶坊后院（即外祖父薛锦元家，又称薛天兴皮行，今西仓街35-1居民楼一侧），1927年12月12日，在广州起义战斗中英勇牺牲，年仅29岁，成为中共历史上第一个牺牲在战斗第一线的中央委员和政治局成员。

鼎泰元冶坊由薛念祖父亲薛静溪创建，薛念祖与张太雷外祖父薛锦元是堂房兄弟，薛念祖1946年在此开设冶坊（企业占地达0.6

第二部分　文物保护建言

公顷),薛锦元则开设皮行。

后来,张太雷父亲张光斗娶薛锦元女为妻,并居住于薛家。1898年6月17日,张太雷在这里出生。3岁时,张太雷随父亲张光斗去江西萍乡谋生,1906年2月21日,张光斗因病不治身亡,母亲便携太雷回到常州,继续居住西仓街鼎泰元冶坊后院,太雷在薛念祖的资助下,就读于位于石龙嘴上的西郊二等小学(汇秀庵旧址)。为此,常州一批学者、老人以及张太雷眷族,多年来积极向有关部门反映,要求保留张太雷出生地旧址。我们提议:立即将西仓街35-1居民楼列为不可移动文物加以保护。通过政府征收,将二层小洋楼辟为张太雷事迹陈列馆,并在洋楼一侧绿地(原鼎泰元冶坊后院)中竖立张太雷出生地文化标志。

鼎泰元冶坊旧址

厚生铁厂

厚生铁厂旧影

我与文物保护的那些事

即厚生制造机器厂,系常柴的前身,1913年由常州民族工业先驱奚九如创建。工厂位于西门外锁桥永宁寺。成立初期主要从事农机具修造,仿制小功率煤油发动机。1929年生产的8马力和27马力柴油机在西湖博览会上获得金奖。1955年工厂改名为地方国营常州机器厂,后改名常州柴油机厂。

前几年在西直街改造中,厚生铁厂部分建筑被拆除,故建议在西直街夏家大院修复工程中,逐步恢复厚生铁厂旧址。

二、丰富老城厢产业园的内涵

增加一些非遗馆、民间收藏馆等公共开放空间,进一步宣传常州传统文化。

比如成立省级非遗项目常州宝卷馆。常州为中国宝卷的起源地之一。宣卷起源于南北朝时期,由常州武进籍皇帝、梁武帝萧衍始创,盛行于唐宋元三代,初称"俗讲",元末明初,出现"宝卷"名称,其群相唱和的说唱形式,即为今天人们熟知的"宣卷"。宣卷活动是老城厢传统民俗活动。

常州宝卷与宣卷还影响到了两个国家级非遗的起源——靖江宝卷和锡剧。尽管靖江地处苏北,但在历史的行政区划上,靖江自明成化七年(1471)设县到民国初年的400多年一直属于常州府,不管民风民俗还是部分口音,常州对靖江都有着向心力。所以,靖江宝卷是常州宝卷的一个分支。锡剧直到1955年才被简称为锡剧,往前溯源分别称为常锡剧、常州文戏、常州滩簧,而常州滩簧的起源就是宣卷。锡剧的一些剧本就改自宝卷,例如锡剧中的《珍珠塔》。而部分唱腔借鉴了宣卷调,所以,宣卷是江南曲艺的活化石,堪称百戏之祖。

设立这些场馆后,可以宣传常州传统文化,吸引更多市民参观。

三、做好招商引资工作,吸引更多业者入驻老城厢产业园

建议采用三个"一点点"的办法,就是政府资助扶持一点点,产权人招商优惠一点点,承租人承担一点点。业者入驻多,说明老城厢产业园有吸引力。

第二部分　文物保护建言

四、与旅行社合作，开辟老城厢产业园一日游，吸引外地和本地市民来观光、消费

常州常州，常来走走；常州常州，常乐之州。通过老城厢产业园一日游，可以促进经济发展，而且可以让大家知道，常州不仅是一座历史悠久的江南古城，也是一座经济发达的现代化工业明星城。

相信，在市委、市政府的正确领导下，老城厢复兴会取得圆满成功，工商业遗存会得到全面妥善保护。

（建议人：包立本　报送时间：2020年10月）

《常州政协》杂志"有事好商量　复兴老城厢"专辑书影

我与文物保护的那些事

建议复建乱针绣创始人杨守玉的故居

(社情民意)

近日,文化和旅游部公示第五批国家级非物质文化遗产代表性项目名录推荐项目名单,江苏有16项入选,其中常州乱针绣成功上榜。乱针绣是一种极其珍贵的观赏品与珍藏品,创始于20世纪20年代,创始人为艺术大师刘海粟的表妹、常州人杨守玉。因其绣法自成一格,针法融合了中国传统刺绣的技术以及西洋艺术的特色,被誉为当今中国第五大名绣。

杨守玉故居原位于局前街顾家弄6号,是一座清代四合院建筑,落地长窗,具有典型江南宅院的特色。近年来,丹阳与常州在争夺乱

杨守玉故居旧影

针绣的创始人和传承地(丹阳正则艺专是杨守玉的教学地,常州是杨守玉的出生地、终老地、教学地),由于2002年常州为建造鹤苑新都小区,开发商将杨守玉故居拆除,所以乱针绣的创始人和传承地争议至今。

当年,杨守玉故居拆除时,主要构件被市文物管理委员会收藏。如今,为了复兴老城厢,为了让乱针绣追本溯源,杨守玉故居恢复很有必要。为此,建议择址复建杨守玉故居,并作为乱针绣陈列馆或杨守玉纪念馆,让广大民众了解乱针绣的历史。

择址复建地点建议:一是在田家炳中学或实验小学内,现正在基建,辟出一地复建。理由是此地为武进女子师范学校旧址,杨守玉毕业于此。二是在天宁区桃园绿地内。理由是杨守玉是天宁区人,此地空间大,目前尚无有分量的文化名胜,可作为景点和参观地。

(建议人:包立本　报送时间:2021年1月)

我与文物保护的那些事

附 记

我提交的政协提案和社情民意办理情况

本人所提政协提案和社情民意,得到政府相关部门的重视和关注,现将部分回复汇编如下——

常州市政协第十四届一次会议第0072号提案《关于完善焦溪街上私人古建筑保护利用措施的建议》,主办单位天宁区郑陆镇政府回复:非国有不可移动文物有损毁危险,所有人不具备维修能力的,可向相应的文物行政部门申请维修补助。申请人在每年9月底前向所在辖区文物主管部门申请下一年度维修补助,经过市文物行政部门审核后确定是否列入维修计划。

常州市政协第十四届一次会议第0073号提案《关于将吴季子祠(吴氏宗祠)列入文物点保护的建议》,主办单位武进区政府回复:吴氏族人可在保护好吴氏宗祠的前提下,先申报省、市级文物保护单位,若不顺利也可适时申报尚未核定公布为文物保护单位的不可移动文物。区文广新局将按照省、市文物行政部门的要求做好申报文保单位的指导工作,并及时向社会公示尚未核定公布为文物保护单位的不可移动文物的申报计划。希望吴氏族人能保护好吴氏宗祠,并抓住机会,积极申报,争取成功。

常州市政协第十四届二次会议第0212号提案《关于保护西横林人文历史的建议》,主办单位钟楼区政府回复:1.如果老街能列入城建规划,西林街道将按照"因地制宜、分类实施"的原则,对于不属于危房且有历史文化价值的建筑,予以修缮保护;对于破损严重、经鉴定确属危房的,将结合按照国家棚户区改造的要求进行征收。2.建议

第二部分　文物保护建言

常州市政协提案部分答复

城投公司在皇粮浜公园建设中，增加地方特色名人馆或非遗陈列馆。

常州市政协第十四届三次会议第0301号提案《关于在青果巷设立常州碑刻博物馆的建议》，主办单位晋陵投资公司回复：许多碑刻流落民间，未能得到妥善保存。若市民中有意愿捐赠，我单位可以受赠，最大限度保留历史信息和历史文化。

常州市政协第十四届三次会议第0302号提案《关于将公交常州宾馆站改名为近园站等的建议》，主办单位市交通运输局回复：为放大常州历史文化名城的宣传效应，经与地方街道沟通，您提出的将晋陵路"常州宾馆"公交站更名为"常州近园"等建议已采纳，将于近期结合公交线网调整工作实施到位。

常州市政协第十四届四次会议第0174号提案《关于在常州府医学与先医庙设立常州中医博物馆的建议》，主办单位晋陵投资公司回复：南市河环境整治，由于该项目未实施房屋征收，房屋所有权人未发生改变，我单位无权决定其用途。考虑到常州府医学与先医庙既是地方医政的缩影，也是江南地区仅存的医学与先医庙遗存，对弘扬中

我与文物保护的那些事

医文化具有较大意义,为了传承中华民族优秀传统文化,未来可以在其他合适展馆进行介绍。

常州市政协第十四届四次会议第0175号提案《关于将常州地区第一个党支部——中共横山桥支部(包合兴店、仇氏宗祠)旧址列入常州市文物保护单位加以保护的建议》,主办单位市文广旅局回复:当前革命文物保护出现了较好的形势,在产权所属单位或个人同意的基础上,我们将抓住契机,进一步征求专家和市委党史工委意见,对中共横山桥支部展开人文价值、产权、安全、保养维护及开放利用等方面的充分论证。

常州市政协第十四届四次会议第0176号提案《关于将地铁站名"同济桥站"改为"青果巷站"的建议》,主办单位市轨道公司回复:经过综合考虑,建议近期在同济桥站车站导向标识系统中增加与完善青果巷引导标识,在广播系统中研究增加青果巷相关内容语音播报,起到对青果巷的宣传引导作用。远期结合1号线系统设备升级改造,对同济桥站站名变更可行性开展系统研究工作,视条件许可进行站名变更改造。

常州市政协第十四届五次会议第0054号提案《关于设立常州碑刻博物馆的建议》,主办单位市文广旅局回复:当前该文庙大成殿文物本体修缮已经完成,周边地块正在开展整修工作。我局将积极对接相关管理单位,进一步评估依托文庙建筑建设常州碑刻博物馆的可行性,待方案成熟后将充分征求社会各界意见。同时我局将持续开展碑刻文物调查和保护,积极开展相关碑刻文化学术研究工作,提升常州历史文化影响力。

常州市政协第十四届五次会议第0208号提案《关于复建常州人文始祖季子祠的建议》,主办单位市文广旅局回复:目前我市对季子文化展示的形式及选址尚在研究阶段,下一步将结合历史背景和现实条件,综合论证季子文化展示形式、选址方案,积极挖掘研究、传承弘扬季子文化,使之成为常州独特的文化品牌。

第二部分　文物保护建言

常州市政协第十五届一次会议第0111号提案《关于将秀旺沈氏宗祠"八咏堂"公布为市文保单位或一般不可移动文物的建议》，主办单位经开区管委会回复：经查阅相关文献资料及现场走访，秀旺沈氏宗祠建筑有特色、布置有内涵、家族有名人，是经开地区现仅存的一家沈氏宗祠。后续，待第九批市级文保单位和经开区一般不可移动文物启动申报程序后，沈氏宗祠可以直接进行申报，我局将给予指导和帮助。会办单位市文广旅局回复：后续应对沈氏宗祠开展价值研究，在新一批文物申报启动后按程序进行申报。我们希望更多的古建筑申报市级文物保护单位。祠堂文化是中华优秀文化的重要组成部分，建议沈氏宗祠"八咏堂"，跟上时代步伐，彰显活力，打造成传播中华优秀传统文化的阵地。

常州市政协第十五届一次会议第0112号提案《关于牛塘老街历史文化遗存保护的建议》，主办单位武进区政府回复：常州市自然资源和规划局经过多轮走访调研，结合江苏理工学院异地新建项目，通过编制规划，准备将老街片区打造为集轻奢商业、休闲、居住于一体的文旅体验区。最新一版的《牛塘老街及周边地块策划方案》充分征求常州地方文史专家的意见，将原规划的聚湖路北移，对3处一般不可移动文物进行原址修缮保护，力求保留老街整体的街巷肌理和风貌，为后续的历史文化展示利用提供空间。我区将在市有关部门指导下，积极做好牛塘老街的保护与修缮工作。会办单位市文广旅局回复：牛塘老街紧邻京杭大运河重要支流南运河，为大运河沿线重要市镇，至今保存不少晚清至民国时期的传统建筑，街巷肌理保存基本完好，是牛塘镇不可多得的珍贵文化资源。老街保护过程中应贯彻《中华人民共和国文物保护法》和中共中央办公厅、国务院办公厅《关于在城乡建设中加强历史文化保护传承的意见》《尚未核定公布为文物保护单位的不可移动文物保护管理暂行规定》，促进历史文化保护传承与城乡建设融合发展。会办单位市自然资源和规划局回复：作为历史建筑主管部门，我局将持续关注牛塘老街整体保护和修缮过程中

我与文物保护的那些事

实施主体对历史建筑的保护和修缮情况,并对实施主体进行指导和监管。对"邀请文物专家对未列入常州市一般不可移动文物名录或历史建筑名录的古建筑进行认证,应保尽保"的建议,我局将积极配合一般不可移动文物的主管部门市文广旅局,对列入保护名录的一般不可移动文物以及经专家研究确定需要保护的古建筑,进行保护与修缮工作。下一步我局将密切配合武进区、市文化广电和旅游局等相关部门,积极做好牛塘老街及相关地块的规划服务工作和历史建筑保护工作,为牛塘老街的保护和利用做最大努力。

社情民意《关于常州创建国家历史文化名城的三点建议》,得到了市文物管理委员会的回应:2012年2月1日余阙庙(下庄庵)、孙家庵、董亦湘纪念碑被公布为常州市一般不可移动文物。

社情民意《关于恢复"乌龙庵"老地名的建议》,得到了市民政局区划地名处的回应:2014年8月,将毗邻双贤里东西向的道路恢复为乌龙庵。

社情民意《关于再次恢复"乌龙庵"老地名的建议》,得到了市民政局区划地名处的回应:2017年7月21日,同意将位于京城豪苑附近,东起化龙巷,西至北大街的道路由"大成路"更名为"乌龙庵"。

社情民意《青果巷历史文化街区的保护和开发建议》,得到了市规划局的回应:在之后编制青果巷修复方案时,参考了本建议。

社情民意《将近园从常州宾馆分离出来并整修开放的建议》,得到了市文广旅局的回应:2020年4月,近园修复后正式对外开放。

社情民意《关于焦溪古村保护和开发的建议》,得到了天宁区政府的回应:目前整治、申遗工作有条不紊进行中。

社情民意《切实保护好工商业旧址的建议》,得到了市文广旅局的回应:西仓街35号所在区域为鼎泰元冶坊旧址,建筑的存在有标识性作用,有一定的人文价值。可以保留此建筑作为鼎泰元旧址的标识,并支持用作璞丽湾小区的配套用房,实现文物保护和小区配套设施的双赢。

第三部分　文物保护艰辛

第三部分　文物保护艰辛

移建文物篇

按：2000—2021年间，部分文物虽经文物管理部门和社会各界人士多方努力，未能原址保护，现参照1999年版常州市文化局编著《常州文化志》体例，将文物名称、时代、原址、原貌、何时何因被移（毁），记载如下——

太平兴国寺石经幢

太平兴国寺石经幢原位于常州市延陵东路548弄口。

石经幢系太平兴国寺的遗物。太平寺初名建元寺，始建于南齐建元年间(479—482)，由南兰陵（常州）籍皇帝、齐高帝萧道成创建，宋太平兴国年间(976—984)改称太平兴国禅寺，后竖两座石经幢于山门口。一座已毁坏，仅存座基。另一座完好，高4.05米，青石质，呈八角形，由基石、八棱幢身、八角莲瓣形石雕座基等组成。下层基座为浮雕缠枝宝相花石盘，直径2米，向上0.34米，八面刻有八尊佛像；再上是莲花座，直径为1.5米，高0.44米；其上幢身直径为1米，高1.85米，刻有佛经；顶端是幢檐，直径1.5米，有浮雕斗栱石檐宝顶。

太平兴国寺石经幢旧影

1964年4月17日，常州市人民委员会公布为第一批常州市文物保护单位。1995年4月19日，江苏省人民政府公布为第四批江苏省文物保护单位。2000年6月，因延陵东路扩建，石经幢迁移于古运河畔新建的通吴门旁。

唐氏宗祠

唐氏宗祠原位于常州市青果巷西段钟楼区（原广化区）文化馆内。

常州唐氏于宋时定居常郡，宋末避元兵之难而迁于苏北高邮，明初第三世唐伯成自高邮复迁归常州，乃世居于青果巷，一门科甲鼎盛。该祠为唐氏大宗祠，存硬山式砖木结构门屋三间，明式楠木厅三间，宽10米，进深六檩9.5米，享堂三间，壁间嵌倪瓒等书条石刻，为明末清初建筑。

唐氏宗祠旧影

1964年4月17日，常州市人民委员会公布为第一批常州市文物保护单位。2002年，因南大街步行街改造、建造青果大厦，唐氏宗祠移建至荆川公园。

该移建工程施工单位苏州太湖古典园林建筑公司，在刚开始施工时使用了当代大红砖，我和贺忠贤发现后进行了制止，并介绍其去荷花池拆迁工地购买了老青砖、罗砖等构件，使移建工程圆满竣工。

第三部分　文物保护艰辛

庄氏济美堂

庄氏济美堂原位于常州市延陵西路济美里。

庄氏济美堂主人为庄起元（1559—1633），明代万历三十八年（1610）进士。曾任户部主事、员外郎、郎中、江西抚州府知府、直隶天津督粮道、山东按察使佥事、太仆寺少卿等，曾因魏忠贤阉党被戍山海关，是常州庄氏家族西庄的始祖。

庄氏济美堂占地6.3亩，为明代古建筑群，共六进。有五开间厅楼一栋、雕砖门楼一座以及过街楼、大院落等，第五进为主人庄起元读书处——养真斋书屋三间。庄起元共有5子，他在织机坊从西向东建造了芳晖、济美、星聚、维祺等堂，分给各子居住。各堂既相毗邻，又有垣墙隔断，各立门户。

1987年，常州市文化局公布为常州市文物保护控制单位。2005年，因西瀛里地块改造，济美堂移建至民元里文保区。2008年2月26日，常州市人民政府公布为第四批常州市文物保护单位。

庄氏济美堂旧影

庄氏塾馆及星聚堂明式轿厅

庄氏塾馆及星聚堂明式轿厅原位于常州市延陵西路星聚里。

星聚堂及周围各堂由明太仆寺少卿庄起元建造,建成后分给各子居住。东首为维祺堂(传胪第),西首为济美堂、芳晖堂,由墙垣分隔,设有小门,如有事,可开门相互通行。无产阶级革命家、中国共产党早期领导人瞿秋白出生后,因家境日益贫困,曾三次迁居。1900年,随祖母庄氏搬到族中星聚堂九皋楼内居住。1904年,年仅5岁的瞿秋白随从庄氏族中长辈庄怡亭开蒙就读。庄氏塾馆即为当年秋白读书之处。

1987年,常州市文化局公布为常州市文物保护控制单位。2005年,因西瀛里地块改造,庄氏塾馆及星聚堂明式轿厅移建至民元里文保区。

庄氏塾馆及星聚堂明式轿厅旧影

第三部分　文物保护艰辛

吴氏中丞第(屠寄故居)

吴氏中丞第(屠寄故居)原位于常州市麻巷58号。

宅第主人为江西巡抚吴光悦。清代尊称巡抚为"中丞",其宅因而得名。宅第内居住过的名人众多,有民国

吴氏中丞第(屠寄故居)旧影

首任武进民政长、史学家、刘海粟姑父屠寄,教育家屠元博,书画家陆小曼,《九尾龟》作者、小说家张春帆,女画家吴青霞等。

府第建筑坐北朝南,为清代硬山造砖木结构。共五进,每进六间,后面尚有占地近5亩的花园,总占地面积近8亩,每进屋依次前低后高,寓"步步高升"之意。大厅宽12米,进深14.4米,高9.1米,气势不凡。第四、五进为屠寄故居,灰墙围隔,中嵌砖雕门楼,形成一独立格局。

1987年12月26日,常州市人民政府以"屠寄故居"名称公布为第二批常州市文物保护单位。2003年12月23日,常州市人民政府将文保单位名称调整为"吴氏中丞第"。2005—2006年,因中医院扩建,移建至新北区薛家镇市民广场。

邹 浩 祠

邹浩祠旧影

邹浩祠原位于常州市西瀛里146号。

邹浩(1060—1111),宋元丰五年(1082)进士。曾任扬州、颖昌府教授。后擢右正言。性耿直,好忠谏,弹劾宰相章惇弄权。政和元年(1111)病逝后谥"忠",人称"道乡先生"。他学问渊博,德行清正。著有《道乡集》等。

邹浩祠坐北朝南,砖木结构,硬山式,建筑面积600平方米左右,前后共三进,前为大厅,中隔小天井,后为御书楼、接官厅、神像屋各三间,原有"道乡世泽"过街牌坊。

1987年,常州市文化局公布为常州市文物保护控制单位。2005年,因西瀛里地块改造,邹浩祠移建至民元里文保区。2008年2月26日,常州市人民政府公布为第四批常州市文物保护单位。

第三部分　文物保护艰辛

浩然亭、落星亭

浩然亭、落星亭原位于常州市双桂坊今市人民公园内西首。

南宋德祐元年(1275),元军挥戈南下,兵临常州,守城官兵及全城百姓誓死保卫家园,宋军东南第七副将王安节、都统制刘师勇、太守姚訔、武进知县包圭等将领率领军民抵抗。数月之内,刀光剑影,血流成河。最后全城仅7人幸免于难,其余均壮烈牺牲。德祐二年(1276)初,南宋丞相文天祥抗元战败,被元兵押送北上,途经常州时,作《常州》诗,以悼念不屈的死难军民。"常州之战"被史学家列入"影响中国的100次战争"的"临安之战"中最惨烈的一页。明正德

浩然亭旧影

十五年(1520),御史叶忠为纪念宋末抗元死难将士,取文天祥诗中"浩然"二字为名建亭于忠义祠后。清乾隆年间阳湖县知县陈廷柱移建于人民公园西南首假山上。浩然亭高6.6米,直径3.45米,单檐六角攒尖顶,铺筒瓦。

我与文物保护的那些事

浩然亭向西不远,为落星亭,因亭前有一椭圆形陨石而得名。清康熙年间《常州府志》已有陨石记载。落星亭于宣统二年(1910)建亭,高6.3米,宽3.55米,顶为四角卷棚式,由金山石柱4根支撑。亭前砌以石栏,旧有"悠然意远"及光绪年间翰林院侍讲学士、邑人恽毓鼎所书"落星亭"三字匾额。

1987年12月26日,两亭被常州市人民政府公布为第二批常州市文物保护单位。2002—2003年,因南大街步行街改造、人民公园改建,两亭被整体移建至人民公园东首、崇法寺前。

落星亭旧影(刘克林提供)

第三部分 文物保护艰辛

恽氏庭院

恽氏庭院原位于常州市周线巷58号。

宅第主人恽思赞,清咸丰八年(1858)举人,曾任浙江长兴、归安等县知县。任职期间,审积案,平冤狱,制保甲法,定惠民政策,鼓励县民垦荒。生病归里后,办理积善堂,赈济水灾,开挖河道,拦洪筑坝,免费为民治病,是有名的清官。

庭院坐北朝南,占地面积5.376亩,原有房屋众多,共有五座三进大院以及花厅、船厅、花园、半亭、琴台、月洞等建筑,粉墙黛瓦,雕梁画栋,系典型的清代硬山造古建筑群。其中封火山墙高达10米,为

恽氏庭院旧影

我与文物保护的那些事

江南之最。

1987年,常州市文化局公布为常州市文物保护控制单位。2002—2003年,因建造世家华庭房地产,经大家呼吁无效被拆。2003年8月10日,中央电视台《焦点访谈》栏目予以报道。因该古建历史价值及文物价值较高,故2003年12月23日,被常州市文物管理委员会公布为待移建的常州市文物保护控制单位。2008年11月移建开工,至2010年5月完工。移建至殷村后的恽氏庭院形制有改变。

拆除中的恽氏庭院

第三部分　文物保护艰辛

志　王　府

志王府原位于常州市南大街新华书店内。

志王府是太平天国志王陈志书的府第遗址。陈志书为广西浔州府桂平县人,太平天国护王陈坤书的胞兄。同治二年(1863)晋封"志王"(或称"治王")。翌年三月,在坚守常州广化门的战争中身亡。

志王府坐西朝东,占地面积1.962亩,系陈志书晋封太平天国志王后

志王府旧影

所建,其中部分建筑迁移自青山路刘纶出生地姚氏旧宅。原有房屋多进,后存回字形转楼一座。该楼高敞雄伟,建筑木结构件雕刻精美,具有鲜明的太平天国时期艺术特色。

  1987年,常州市文化局公布为常州市文物保护控制单位。2005年,因西瀛里地块改造,志王府移建至民元里文保区。2008年2月26日,常州市人民政府公布为第四批常州市文物保护单位。

第三部分　文物保护艰辛

民元里民宅

民元里民宅旧影

民元里民宅原位于常州市民元里1号。

宅邸设计者为民国武进县实业局局长、武进县建设局局长、武进商会特别会董、武进县电气公司总工程师庄启。

民宅坐南朝北，大门正对庄氏传胪第，后门面临西瀛里，为中西合璧建筑群，占地面积较广，有门厅、回字形盘楼、后厅等众多建筑。房屋外部东侧山墙有"民元里"三字砖刻，正门门厅后有精美砖雕门楼，门楼两侧为下垂式立体如意形图案砖雕。回字形盘楼装有大量镂花铁栏杆及装饰性花纹铁构件，气势不凡。

2000年，常州市文物管理委员会公布为常州市文物保护控制单位。2005年，因西瀛里地块改造，民元里民宅移建至民元里文保区。2008年2月26日，常州市人民政府公布为第四批常州市文物保护单位。

我与文物保护的那些事

百丈楠木厅

　　百丈楠木厅原位于常州市春江街道百丈龚家头村。

　　楠木厅的前身是有着悠久历史的龚家大院,龚氏族人经商致富,于是大兴土木,建了三座大屋,而后经过几代扩建修整,最终在清雍正年间,形成了占地45亩、拥有广厦千间的龚家大院。

　　1988年,武进县(今改为区)人民政府公布为武进县文物保护控制单位。2005—2006年,新北区某拆房公司借市出口加工区建设征地之际,擅自将百丈楠木厅拆除,并将部分建筑构件出售。2006年6月12日,文物部门在检查中发现后,追缴和查封了所有建筑构件,并立案查处了该起违法事件,对这家公司处罚20万元。2008年,百丈楠木厅移建至镇杏村村委赣江路与祁连山路交界处,成为春江文体站驻所。2011年1月5日,常州市人民政府公布为第五批常州市文物保护单位。

龚氏后人在龚家大院留影

第三部分　文物保护艰辛

永 安 桥

永安桥原位于常州市万绥东郑塔里村北的老孟河上。

始建于元末明初,初为竹木搭建的便桥,为郑氏东典房村民农桑耕作过河方便而建,俗称东典桥,清乾隆二十八年(1763)改建成石桥。永安桥地处万绥、孟河、小河三镇交界,又是古代小黄山通达常州的捷径,历来为战略要塞。

永安桥旧影

在战火中永安桥惨遭毁灭,清宣统三年(1911)重建。桥长21米,宽2.55米,桥面为3节9块7步条石,每节用并列的3块麻石质条石拼合成。条石每块长6.8米,宽0.64米,7步条石是指条石的长度正好走7步。农村一般的平板石桥是没有护栏的,这座桥却用6块条石做成护栏,比较少见。永安桥的桥墩由3条截面为矩形的石柱并排而成,再在其上横置帽梁石,两条帽梁石形似两对桥耳。桥额和中孔桥身上均阳刻"永安桥"三个字。永安桥的桥基大多是采用扩大基础的办法,用块石砌成阶梯状。3个桥孔中中孔较大,中孔桥面也略高,全桥成微拱形,既美观又便通航。

2008年,因338省道工程建设,永安桥北移建至万绥东岳庙前。2011年1月5日,常州市人民政府公布为第五批市级文物保护单位。

我与文物保护的那些事

红　庙

红庙原位于常州市劳动东路766号、雕庄街道优胜村。

清溪里土地堂,俗称红庙。原有二进,第一进五开间已于1975年被拆除,建了优胜小学教室;现存第二进为清式瓦屋九间,前有廊,清式梁柱和鼓形柱础保存完好。

红庙原来只是指庙的外墙颜色呈火红色,在阳光的照耀下鲜红。但自从1927年后,它又成了名副其实的红庙。当年9月,中共武进县第一个委员会在顾家塘(现优胜村)成立,并在附近的红庙举办了中共武进县委第一次支部书记培训班。此次培训班的举办对指导常武地区的革命起到了重要作用。红庙点燃了革命的火种,成为常武地区革命不断走向胜利的光辉起点。

2012年2月1日,常州市文物管理委员会公布为常州市一般不可移动文物。2016年,因凤凰新城建设拆除。2019年移建至凤凰新城环岛路凤凰驿景观带中,并更名为常州红馆(常州红色历史纪念馆)。

红庙旧影

第三部分　文物保护艰辛

上陈恽氏宗祠

上陈恽氏宗祠旧影

上陈恽氏宗祠原位于常州市戚墅堰丁堰梅港上陈村。

宗祠始建于明，清末重建。坐北朝南，硬山式砖木结构，存一进五间，进深9米，面宽14.67米，檐高2.9米，脊高5米；天井进深5.8米，面宽14.5米。天下恽氏出常州，恽氏分南北二恽。上陈恽氏属于北恽，是克顺公的后人。

2012年2月1日，常州市文物管理委员会公布为常州市一般不可移动文物。2017年，因梅港村动迁，上陈恽氏宗祠移建至戚墅堰运河公园内。

我与文物保护的那些事

饮 马 桥

饮马桥原位于常州市横林镇古运河南岸的杨歧村。

饮马桥东西横跨在印马河上。单孔平板石桥，全长13.8米，宽1.8米，桥面用三块金山石质条石铺设而成，桥基为青砖、条石混筑，桥侧镌刻"饮马桥"三个楷体大字，字体结体严整，骨力遒健，每字外加圆框装饰。据当地史料记载，饮马桥始建于宋代，元至正年间（1341—1368）重建，清嘉庆十四年（1809）再次重建。饮马桥传说与北宋时期抗金名将岳飞有关。南宋绍兴十年（1140），岳飞回临安途经常州东门外的横林镇，并在此驻扎休整。岳家军在杨歧村外河边饮马，河边留下马蹄印，因此命名为"印马河"，河上小桥也被称为"印马桥"或"饮马桥"，以表达对抗金英雄岳飞的追念。

2012年2月1日，常州市文物管理委员会公布为常州市一般不可移动文物。2019年前后，因建设需要，移建至横林高级中学院内。

饮马桥旧影

第三部分 文物保护艰辛

周线巷4号民宅

周线巷4号民宅原位于常州市周线巷4号。

该建筑群系民国建筑,坐北朝南,占地面积460平方米,建筑面积358.2平方米。共三进,面阔为三开间,硬山式砖木结

周线巷4号民宅旧影

构建筑。第一进为单檐硬山结构,山墙设有观音兜。总面阔16.4米(含西面备弄及东面楼梯间),进深6.2米,三开间东西山墙为穿斗式柱梁,其余为抬梁式。第二进山墙同样设有观音兜。面阔14.71米,进深7.44米,三开间两山墙边帖为穿斗式,其余为抬梁式。第三进为单檐硬山结构,面阔15.8米,进深6.0米。一进留有砖雕门楼。

2012年2月1日,常州市文物管理委员会公布为常州市一般不可移动文物。2017年,因中联南侧地块征收拆除。2020年,移建至荣盛水岸花语西环岛路绿地内。

我与文物保护的那些事

张氏宗祠

张氏宗祠原位于常州市周线巷6号。

宗祠系清代建筑。坐北朝南,占地面积254平方米,建筑面积123.1平方米。共两进,面阔为三开间。第一进面阔9.32米,进深7.73米,硬山式砖木结构建筑。

张氏宗祠旧影

三开间东西山墙边帖为穿斗式,中间为抬梁式构造。中间轩梁部分刻有人物雕花,保留完整。第二进面阔9.32米,进深5.48米,单檐硬山式结构。宗祠主体结构比较完整,在常州中心地区仍能保留至今极为少见。

2012年2月1日,常州市文物管理委员会公布为常州市一般不可移动文物。2017年,因中联南侧地块征收拆除。2020年,拟移建至荣盛水岸花语西环岛路绿地内,后因当地居民反对,准备重新选址。

第三部分　文物保护艰辛

正素巷黄宅

正素巷黄宅原位于常州市正素巷63弄3、5号。

宅第系民国建筑。坐南朝北，占地面积270平方米，建筑面积133.2平方米，为单檐硬山式结构。虽经过多次维修改动，但抬梁部分木结构尚好，原貌可寻。

2012年2月1日，常州市文物管理委员会公布为常州市一般不可移动文物。2017年，因中联南侧地块征收拆除。2020年，移建至荣盛水岸花语西环岛路绿地内。

正素巷黄宅旧影

灵官庙弄郭宅

灵官庙弄郭宅原位于常州市灵官庙弄10—12号。

郭宅建造于1936年,是常州民国时期中西合璧的典型建筑。坐北朝南,存两进青砖西洋式建筑,四坡顶。

灵官庙弄郭宅旧影

第一进单层五开间,面宽21米,进深10.2米,含南走廊1.8米;第二进单层五开间,面宽14米,进深3.85米,廊宽3.85米。第一、二进间天井面宽21米,进深15.9米。第二进后有小园,进深2米。第一进东园东西宽9.9米,南北长10.3米。北、南有大天井,南天井进深5米,北天井进深12米,檐高4.1米。

2012年2月1日,常州市文物管理委员会公布为常州市一般不可移动文物。2018年实施了灵官庙弄郭宅迁移工程,移至与原址一墙之隔的市一中校园内。2019年11月8日,常州市人民政府公布为第八批常州市文物保护单位。

第三部分 文物保护艰辛

双 庙 桥

双庙桥原位于常州市横山桥镇芙蓉漕河上。

民国建筑,为荣氏家族助建常锡百桥之一,因附近有双庙禅院(纪念唐代平叛名将张巡、明代治理芙蓉水患的江南巡抚周忱)而得名。

2012年2月1日,常州市文物管理委员会公布为常州市一般不可移动文物。2018年,因新沟河延伸拓浚工程拆除。2020年,移建至附近支流上。

双庙桥旧影(奚世明摄)

我与文物保护的那些事

蛮 塘 庙

蛮塘庙原位于常州市湟里镇洋淀村。

清光绪年间（1875—1908）建造。坐北朝南，存硬山式砖木结构大殿八间。东西长 26.8 米，进深六檩 8.1 米，占地面积为 217.1 平方米。庙前竖立青石质《重建蛮塘庙碑记》碑刻。

2012 年 2 月 1 日，常州市文物管理委员会公布为常州市一般不可移动文物。2020 年，因新孟河延伸拓浚工程而移建。

蛮塘庙旧影

第三部分　文物保护艰辛

观音堂桥

观音堂桥原位于常州市牛塘镇西头刘家村。

南北走向,跨岚子浜[栾枝(乱子)浜],是一座清代两柱三洞石梁桥,南北两岸均设置石柱桥墩,桥面长约 10 米,宽 1.5 米。原桥北西侧有观音堂,今已不存。

2012 年 2 月 1 日,常州市文物管理委员会公布为常州市一般不可移动文物。2021 年,因牛塘竹园教育培训中心建设,观音堂桥移建至牛塘镇青莲公园内。

观音堂桥旧影

妙 音 庵

妙音庵原位于常州市潞城街道政新村委。

庵堂系清代建筑,约有300年历史。东有三宝庵,南有一宝庵,西有二宝庵,北有六宝庵。妙音庵位于中心位置。"文化大革命"后期,曾为"潞城后潘中心小学"校址,20世纪80年代后期改为老年活动室。

2010年左右,当地信众开始恢复宗教活动。经过多年的努力,至2013年,先后修复数十间房屋,此时占地约2亩,并于当年迎请佛像,举行了开光仪式。

2012年2月1日,常州市文物管理委员会公布为常州市一般不可移动文物。后因周围村庄、厂房的搬迁,决定对妙音庵进行移建,选址在丁塘河西路东侧、漕上路南侧,占地约477平方米。2021年2月10日,常州市经开区有关部门主持召开了移建工程设计方案座谈会。

妙音庵旧影

第三部分 文物保护艰辛

消失文物篇

按：经文物管理部门和社会各界人士多方努力,未能保护的全市各级文物保护单位,以及第一批、第二批常州市文物保护控制单位,记载如下——

胡濙故居

胡濙故居原位于常州市西瀛里尚书东弄与尚书西弄之间。

胡濙(1375—1463),常州人。明建文二年(1400)进士,授兵科给事中。永乐元年(1403)任户部给事中。永乐五年(1407)主南京国子监事。明成祖怀疑建文帝(朱元璋之孙)未死潜遁,命他遍行天下,暗访建文踪迹。永乐十四年(1416)回京,授礼部左侍郎。永乐二十二年(1424),成祖病逝,仁宗即位(1425),召他为礼部左侍郎,转太子宾客,兼南京国子监祭酒。宣德元年

胡濙故居旧影

(1426)任礼部尚书,参加平定汉王叛乱有功,次年赐给府第于京师长安右门外。宣德六年(1431)起兼户部尚书5年之久。

英宗即位,诏行节约。他先后上疏,建议减少上供物,减少法王以下番僧四五百人,收回去山西灾区采买物料的成命,制止军需劳役方面扰民的差遣等。这些意见均被英宗采纳。代宗即位,胡濙升为太子

我与文物保护的那些事

太傅。

明景泰三年（1452），加溁少傅，兼太子太师。天顺元年（1457），英宗复位，他以病请退。天顺七年（1463）逝世，终年89岁，赠太保，谥"忠安"。

胡溁历任六朝大臣，宽厚节俭，谦恭待人，喜怒不形于外，人称"耆德"。著有《卫生易简方》（十二卷）、《芝轩集》（已佚）等。

胡溁故居，因他任礼、户两部尚书达30余年，人称"尚书第"，胡溁故世后改建为专祠，称"胡忠安祠"，嘉靖年间奉旨赐额"崇贤祠"。故居门屋左右有狭弄，分别称为尚书东弄和尚书西弄，过街临河有石驳岸、码头，为胡溁回乡时登岸处，称"尚书码头"。故居坐北朝南，原有房屋五进，后三、四进毁于战火，保存有一、二、五进等三进建筑（第五进为楼房），均硬山造砖木结构，每进面阔三间，总占地面积1000余平方米。1987年12月26日被常州市人民政府公布为第二批常州市文物保护单位，2005年西瀛里地块改造时被拆除。

胡溁故居甲子年款双井旧影

第三部分　文物保护艰辛

李德泉民居

李德泉民居旧影

李德泉民居原位于常州市金坛区直溪镇直里村东直里。

李德泉，生于1935年，少年时参加了解放军的青训班，投身国家建设，从基层干部做起，先后升任乡党委书记、县委组织部副部长，以及县委副书记、书记等职，后因工作出色，调至省级部门工作直至退休。

该民居系清代建筑，平面布局较为随意，坐北朝南，砖木结构，硬山式平房，共两进。南面正中建有门楼，门楼内外两侧都装饰有精美图案的砖雕，大门内侧上方嵌有四块雕有文字的青砖，组成"兰玉生香"四字，周围青砖也雕以各种图案作为装饰。门楼内侧为天井，天井前及西面为围墙，南墙建有门楼出入。建筑东侧前一进为庑房，一间面阔3.7米，进深七檩7.2米；后一进为正厅，面阔五间17.7米，进深

我与文物保护的那些事

九檩9.8米,采用落地花式排门。李德泉古民居天井南墙已倒塌,门楼完好,上有砖雕,为花卉图案,刻有文字,于"文革"期间遭破坏。民居保存基本完整。

  2008年10月10日,金坛市(今改为区)进行第三次全国文物普查时发现。2010年5月4日,李德泉民居被金坛市人民政府公布为第三批金坛市文物保护单位。2013年,当地建设工业园区时被偷拆,金坛文化部门进行了行政处罚,勒令其恢复原状。之后,文化部门做过调查,咨询过上级部门,制订过重建方案,都无果。2020年10月30日,在金坛区文保单位"两线"划定专家会议上,我和邵志强等再次建议重建,并划定保护范围。

第三部分 文物保护艰辛

松筠小筑（碑廊）

松筠小筑位于常州市延陵西路今常州美珈酒店（原常州大酒店）内6号楼前。

松筠小筑（实为西式小楼）为1933年常州工商业家胡芹生所筑。有四面

松筠小筑

厅、西式小楼及花木扶疏的庭院等，占地面积约1400平方米。其园名"松筠小筑"四字为沙彦楷所书，楼中"赐谷堂"匾额为常州书法名家唐驼所书，另外还有社会名流庄蕴宽等人书写的楹联。

西式小楼，坐南朝北，硬山式砖混结构，假三层（即二层带阁楼），平面略呈长方形，面阔五间21米，进深约19.5米，建筑面积逾830平方米。小楼上下中间三间南面檐下均构筑沿廊，楼下廊壁上嵌有1933年1月镌刻的"新居辟记"汉白玉石刻一方，记述建松筠小筑庭院事。

四面厅廊壁间嵌有书条式刻石11方，其中米芾刻石5方，董其昌刻石4方，另有元、明名人的2方。米芾的刻石每方宽0.75米，高

我与文物保护的那些事

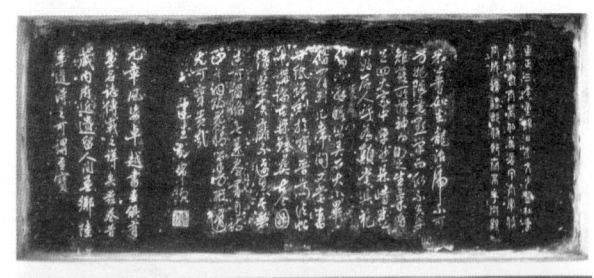

松筠小筑书法碑刻拓片

0.30米,总计242字,行书体,字径纵横均寸余,风姿绰约,尾书"元丰三年(1080)六月既望书于致爽轩,襄阳汉江元章米芾",左上角刻有"宣和宝书"阳文篆印一方,下角有"宣""和"两字小方章各一。元、明名人干文传(字寿道,号止斋,官至礼部尚书)及文震孟(明代文徵明曾孙,明天启年间状元)的2方为题跋石。据记载,米芾书法原为宋内府藏宝,后散流民间,元时为苏州陆季道所得。董其昌的刻石,每方宽0.75米,高0.31米,行书体,字径寸许,笔势跌宕起伏有势,尾款有"辛未四月思翁"一行小字,为董其昌于明崇祯四年(1631)四月所书。

以上刻石由胡芹生建造"松筠小筑"时嵌于四面厅走廊北面的墙壁之上。

2000年,松筠小筑(含四面厅和碑廊)被常州市文物管理委员会公布为常州市文物保护控制单位。2000年后,因建筑装修,四面厅和碑廊被拆,石刻被常州大酒店收藏。2008年2月26日,所保留的松筠小筑被常州市人民政府公布为第四批常州市文物保护单位。

第三部分　文物保护艰辛

李 公 祠

李公祠原位于常州市东下塘陶沙巷1号。

该祠为清光绪十八年（1892）李守谦为其先人、淮军将领李长乐所建专祠。辛亥革命时查封，1913年中华民国大总统通令发还。

李长乐（1837—1889），字汉春，江苏盱眙人。因作战骁勇，擢千总，赐花翎，赐黄马褂。历任湖北、湖南、直隶提督，被封为"勤勇大将军"。

同治元年（1862），李长乐随从郭松林隶属淮军，充任营官。在与太平军的作战中，攻克柘林、奉贤、南汇、川沙、金山，解松江之围，复克青浦，擢为千总。

同治二年（1863），李长乐屯兵常熟王庄，太平军援兵占据陈市，阻断官军进路。他进攻太平军右侧，连破敌营，直趋长泾。战斗中，李长乐陷阵

拆迁中的陶沙巷

李公祠旧影

我与文物保护的那些事

伤腿,裹伤力战,打败对方,擢为参将,并赐号"侃勇巴图鲁"。

同治三年(1864),他在上湖桥打败太平军,攻克宜兴。又移军溧阳、金坛,每战皆捷。回兵再支援常熟,解其围困,连续在杨舍、华墅、周庄、三河口等地与太平军作战并取胜,继而会攻常州。四月,清兵合围太平军,李长乐捷足先登,致使太平军护王陈坤书、佐王黄和锦就擒,常州被清军收复。他被擢为副将,赐号"尚勇巴图鲁"。

曾国藩督师平定捻军时,李长乐协助他转战于河南、山东之间。同治六年(1867),李鸿章代曾国藩督师,李长乐所部称为"武毅军前军"。他率部在赣榆、潍县等地与太平军遵王赖文光部作战,迫使赖文光凫水东走,受创甚巨,被擒斩3万人。赖文光逃到扬州被擒,李长乐则被赐予黄马褂。

李长乐的后代有一支定居常州,并建造该祠。

1913年7月5日,常州乡绅曾在李公祠内创办武进临时医院(常州一院前身),所谓临时医院,即一年之内,仅夏历六月十五日至九月十五日这三个月内开院诊治。临时医院以实行救济为宗旨,诊治一律不收医药金。治疗范围以时疫为主。医院分为两部,其中特别病部专治时疫、霍乱、吐泻急症;普通病部诊治内外科各症。武进临时医院是一

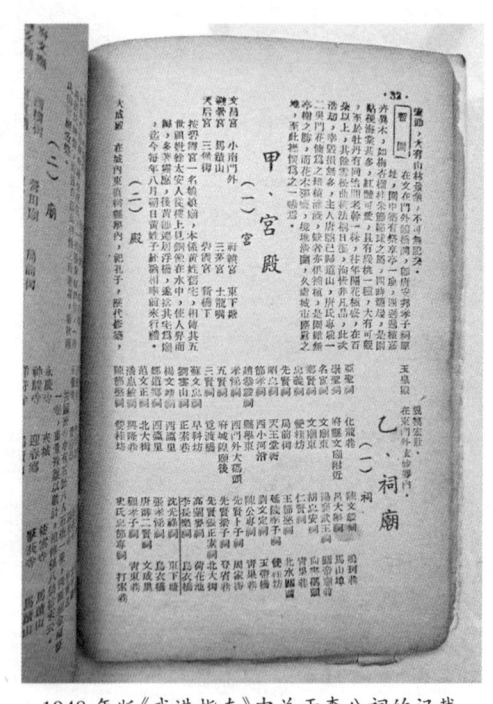

1948年版《武进指南》中关于李公祠的记载

个具有社会公益性的医疗机构。它的创办,对于求医心切的民众来说,无疑带来了一丝福音。

淮军在常州留下多处遗迹,主要有李鹤章读书处(李鸿章的弟弟曾经在白龙庵隐居)、关帝庙(李鸿章请旨重建)、李公祠等,惜今均已不存。

李公祠祠基三亩五分六厘,建筑为硬山造砖木结构,有精致砖雕门楼,庭院高敞,是典型的清代建筑。

1987年,李公祠被常州市文化局公布为常州市文物保护控制单位。后因城市改造被拆。

我与文物保护的那些事

恽家墩汉墓

恽家墩汉墓原位于常州市兰陵路32号锦都快捷酒店（原常州市工业展览馆）后面大院内。

该墓为一大土墩，南北长50余米，东西宽20米，高6米左右。内有砖室大墓，分前后室及耳室。先后出土大量釉陶、陶罐、陶壶、陶瓿、陶鼎及铜质器物。墓砖侧面模印为菱形，正面模印为古钱币纹。自20世纪50年代以来，周围曾陆续发现一批汉代小型砖墓以及墓葬。

据贾鹏涛相关文章介绍：该墓于1948年底被国民党的一支军队挖掘战壕时发现，后由上海古物所发掘。

当时，军队为构筑城防工事，看中恽家墩的地势，刚掘一丈多深，忽然发现土里尽是砖块，于是被迫暂时停工。村民都去挖砖块，好像取之不尽。这个消息一传十，十传百，都说在南门外发现一处几千年前的古墓，墓穴很深很大，里面有红木棺材，有宝剑大刀，还有金银财宝。1949年3月12日，城防工事再次开始构筑，于是掘得古墓。

无锡《人报》派记者最先实地探察，3月17日，以《满城风雨传古墓 常州发现怪窟》为题报道。文中详细讲述了勘察古墓的经过并纠正了一些谣传。3月18日，《新闻报》也报道了常州恽家墩发现古墓事。3月20日，《申报》以《常州古墓 奥秘初露 专家研究墓砖 断为三国遗物》为题详细报道。

经过多家媒体的连番关注，此事引起了考古工作者的兴趣。3月23日，时任上海市立博物馆馆长杨宽及艺术部主任蒋大沂特地前来常州查访。

此事的媒体效应、考古工作者的实地探察，使得江苏省政府特别重视此事，于4月8日请上海市立博物馆与同济大学请领发掘执照，

第三部分　文物保护艰辛

恽家墩汉墓旧影

合作主持发掘。4月9日，武进县政府邀请上海市立博物馆杨宽、蒋大沂和南京中央博物院的曾昭燏参加发掘常州古墓会议。

4月15日，古墓工作团开始发掘。4月22日，《新闻报》以《常州南郊古墓继续挖掘》、《申报》以《常州南外古墓清理第一声》为题报道。

当田野工作展开之际，蒋大沂和杨有润在初发现古墓的北面约五六丈之远，也就是恽家墩的正上面，在城防工事挖出一个深坑的北面墙壁，发现露出砖砌一丛。在这里发掘不到五六尺，就另发现了一个坑，坑内满满的挤了十余个瓶，并且发现了一部分铜器，原来又掘得了另一个古墓。

古墓内储满了明器，根据汉魏晋的古墓常例，往往墓内另有一室，专储器用。此室当为明器储藏室无疑。墓的砌砖上，没有花纹，与第一墓砖不同，由此亦可知，此必为两墓，不是一家。遗憾的是，由于当时战事紧迫，发掘工作未进行多久便被迫中断。

1987年，恽家墩汉墓被常州市文化局公布为常州市文物保护控制单位。

我与文物保护的那些事

　　2007年,当时的福海大酒店为了建造停车场,准备推平古墓。为此,常州博物馆于2007年12月24日至2008年4月17日,对恽家墩汉墓进行了抢救性发掘,收获颇丰,共有两个亮点:第一个亮点就是一次性发掘的墓葬数量较多,共清理汉至六朝墓葬36座;第二个亮点就是出土各类随葬品特别丰富,共计292件,其中可修复的达179件,不乏精品,成为常州博物馆的展品首选。

第三部分　文物保护艰辛

八卦井（八角井）

八卦井（八角井）原位于常州市八角井、小玉带桥交会处。

系双井，井壁为砖砌腰圆形，上置双眼井栏，形制古朴。《武阳合志》称八卦井，后衍化为"八角井"，始凿于明代，井水宏深清洌，当地居民一直使用。

现地名因井名之。常州历代某些乡绅开凿水井方便居民，故有直接用水井名为街巷名的。如八角井、大井头、牛婆井、天井巷等。

八角井地区是市井文化的集散地。唐宋时期已有人家住在这里，历史悠远，周边地区亦为商客殷实人家所居。常州籍艺术大师、书画鉴定家谢稚柳于1910年出生于天王堂弄。

2000年，八卦井（八角井）被常州市文物管理委员会公布为常州市文物保护控制单位。2002年，因八角井地块改造、建造天王堂新寓小区被拆。

八卦井（八角井）旧影

我与文物保护的那些事

武进县城隍庙

武进县城隍庙原位于常州市北大街小庙弄。

城隍,有的地方又称城隍爷,是汉族传统文化中普遍崇祀的重要神祇之一,大多由有功于地方民众的名臣英雄充当,是汉族民间和道教信奉守护城池之神。他是冥界的地方官,职权相当于阳界的市(县)长。因此城隍就跟城市相关并随城市的发展而发展。城隍是产生于古代祭祀而经道教演绎的地方守护神。城隍,起源于古代的水(隍)庸(城)祭祀,为《周官》八神之一。

武进县城隍庙旧影

"城"原指挖土筑的高墙,"隍"原指没有水的护城壕。古人造城是为了保护城内民众的安全,所以修了高大的城墙、城楼、城门以及城壕、护城河。他们认为与人们的生活、生产安全密切相关的事物,都有神在,于是城和隍被神化为城市的保护神。道教把他纳入自己的神系,称他是剪除凶恶、保国护邦之神,并管领阴间的亡魂。到了明朝朱元璋做皇帝时,他对城隍大为敬重,明洪武二年(1369),朱元璋下诏加封天下城隍。

第三部分　文物保护艰辛

常州城内原有四座城隍庙，分别是常州府城隍庙、武进县城隍庙、阳湖县城隍庙和都城隍庙。

武进县城隍是谁？清代人汤用中编写的《翼駉稗编》中记载有一则故事——

管干贞是清乾隆三十一年（1766）的进士，曾官至漕运总督，他的叔母晚年时孀居在家，家中曾发生过一件奇事。

管干贞的叔母身边有一位常年服侍她的老妇人，做事非常勤快，整天不离她的左右，深得管夫人的信任。有一天早上，管夫人发现丢失了一支金钗。管夫人断定服侍她的老妇人不会偷她的金钗，必定是家里的其他奴仆偷走了。

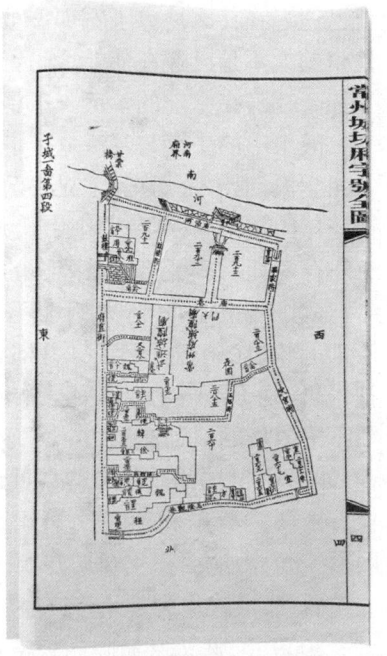

清代《常州城坊厢字号全图》中武进县城隍庙的位置

管夫人非常气愤，就开始对家里的奴仆众人严加盘问。奴仆们都感觉冤枉，于是就私下一起置办了一些供品，相约到武进县的城隍庙祷告，以表明心迹。

仆人们去城隍庙的当天夜里，管夫人梦到有公差带着武进县城隍的街灯，从她的窗外走过。第二天早上，她正打算告诉家里人自己梦中看到的怪事，家里一名年纪大的奶娘突然晕倒后随即苏醒。

这位奶娘苏醒后，径直走到家里的厅堂坐下，以严肃的口吻说："我是武进县城隍庄存与，就因为这么小的偷盗事件，你们至于闹到公堂之上吗？"管夫人惊讶之余，慌忙长跪于地说："这都是家里的仆人为表明心迹所为，才惊动了您。但不知金钗是被人偷去了，还是我

231

我与文物保护的那些事

自己遗忘在什么地方了?"那位被附身的奶娘用手指着门外说:"那个偷窃的人不是已经在那儿了吗?"竟然是那位服侍管夫人的老妇人,手捧金钗跪在堂前的阶下。于是这件事算是真相大白。

故事中的庄存与系清乾隆十年(1745)的进士,官至礼部侍郎,是常州学派创始人。历史上"兄弟两鼎甲,美名传天下"说的就是他与弟弟庄培因一个中榜眼、一个中状元的逸事。在古代的武进县一直流传有庄存与死后成了当地城隍神的传说。

武进县城隍庙,俗称"小庙",在常州府城隍庙东边。始建于清顺治十七年(1660),据记载,"吾郡故有城隍庙,会康熙某年,道士某梦神告语,复于郡庙之旁建立县庙。广檐崇阿、丹涂白墼、修瓦丽密、不节不丰、肖像孔仪、峨冠方袍。于是邑之人既祀于郡之神,复奔走县神,如郡礼"。同治十年(1871)重建,里人蒋灿荣等董之。旧时大殿上挂有楹联:"子亦来见我乎,吾得请于帝矣。"几经兴废,存亭殿三间、厢屋三间,占地面积470平方米,均为硬山造砖木结构建筑。新中国成立后,庙址曾作为常州市广播局及常州日报社的办公用房。

2000年,武进县城隍庙被常州市文物管理委员会公布为常州市文物保护控制单位。2002年,因常州日报社建造停车场被拆。

第三部分　文物保护艰辛

先贤卜子祠

先贤卜子祠原位于常州市局前街周家弄24号，为祀春秋晚期孔子门生卜商而建。

卜子（前507—？），名商，字子夏，卫国温（今河南温县）人，孔门十哲之一，七

先贤卜子祠旧影

十二贤之一。是我国古代的政治思想家、文学教育家。他小孔子44岁。以文学著名，与孔子论《诗》，独阐精微，孔子赞曰："起予者商也，始可与言《诗》已矣。"在孔门弟子中，子夏不像颜回、曾参之辈恪守孔子之道，而是颇具独创精神和异端倾向。孔子教诲他道："女为君子儒，无为小人儒！"子夏任莒父宰，问政，孔子曰："无欲速，无见小利。欲速，则不达；见小利，则大事不成。"从孔子的谆谆告诫中，已约略可见出子夏对正统儒学的偏离。子夏对"君子"的理解与孔子所说的"温文尔雅"颇有不同，他说："君子有三变：望之俨然，即之也温，听其言也厉。"这不似坦荡淳厚的儒者，倒似心机深沉的法家了。孔子没后，子夏去鲁至魏，行教于西河，治学严谨，敢于质疑经史之谬误。曾听人言史志曰："晋师伐秦，三豕渡河。"子夏说："'三豕'应为'己亥'之笔

误。"读史志者问诸晋史,果然是"己亥"之误。于是名重天下,从学者众,门下人才辈出,如田子方、段干木、李悝、吴起、禽滑厘、商鞅之属,皆受业于子夏,而荀子、李斯、韩非等也俱是其隔代再传弟子。西河学派既传授儒家经典"六艺",也是法家政术思想的先驱。子夏操守高迈,言曰:"诸侯之骄我者,吾不为臣。大夫之骄我者,吾不复见。"魏文侯以师礼事之,乃许咨以国政。孔门弟子之有著作传世者,以子夏为最多。相传《论语》即为子夏与仲弓合撰,《毛诗》亦传自子夏,《诗序》即为子夏作,《仪礼·丧服》篇亦传自子夏,《易传》一卷,亦子夏所撰。汉人徐防又有"诗书礼乐,定自孔子;发明章句,始于子夏"之说,更可见他在孔门诸子中地位之重要。

先贤卜子祠建于清嘉庆十七年(1812),存祠屋三进各三间,占地面积310平方米。

祠堂头进过道房屋的两壁置有清代阳湖文派创始人之一恽敬撰文的重要碑刻。碑系青石质,共两块,各宽0.775米,高0.305米。碑文记述常州卜氏系孔子弟子卜子商后裔,卜子身世及迁常经过。碑文文辞简洁,书体为一手工整楷书,笔势古朴浑厚,有较高文物价值。

1987年,先贤卜子祠被常州市文化局公布为常州市文物保护控制单位。2002年,因鹤园弄地块改造、建造鹤苑新都小区被拆。

恽敬撰文碑刻在本人、王益民、杨伯元、陈伟堂等热心人士的努力下,当年通过派出所,从开发商和拆迁办负责人手中追回,交市文管办收藏。

第三部分　文物保护艰辛

费 氏 庭 院

　　费氏庭院原位于常州市大马园巷25号，由清末实业家费志超建造。

　　庭院前门25号，后门33号（20世纪60年代改为35号），对门为大马园巷18号盛宣怀故居。费家与盛家是世亲。

　　庭院主人费志超，字镜旋、镜泉。

　　1913年1月，他与祝大椿、张赞槺、吴树棠、薛云鹏集资10万银圆2000股，发起创办武进振生电灯有限公司，这是常州第一个发电企业，后改为武进电气厂股份有限公司。之后创建了振华电厂，又创办志超小学（后改为明强小学，最后改为马园巷小学）。

　　费志超父亲费士清之堂兄费念慈，是晚清翰林院编修，书法家、文学家、鉴赏家。常州天宁寺"大雄宝殿"巨匾

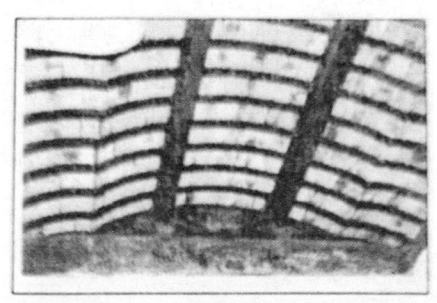

费氏庭院旧影

我与文物保护的那些事

即其题写。

  费志超之孙费仲光,师从周子青先生学习魏楷、唐楷,从表伯父钱小山先生学习诗词、柳楷、行书。64岁夏天,师缘成熟,从四川洪厚甜全面学习。是中华诗词协会会员,曾担任常州市书法家协会理事、常州舣舟诗社副社长。

  庭院占地面积1250平方米,分东西两组,有平屋及楼屋多间,均为硬山顶建筑,用料考究,尤其花篮厅,雕刻精美,为我市少见。

  2000年,费氏庭院被常州市文物管理委员会公布为常州市文物保护控制单位。2002年,因南大街地块改造被拆。

第三部分 文物保护艰辛

玉佩弄民宅

玉佩弄民宅原位于常州市北大街玉佩弄8—10号。

占地面积658平方米,存屋三进,头进穿堂,门屋二、三进为两层走马楼,面宽七间,轩敞高大。钢筋混凝土结构。天井内有湖石假山,假山上有水泥凉亭。为民国年间优秀建筑。

玉佩弄民宅主人姓浦,浦氏发源于涂河流域,在古代,那条河不叫涂河,而叫涂水,浦氏家族的祖先,便由于居住在涂水之边,因而"以水为姓"。

玉佩弄民宅旧影

我与文物保护的那些事

后周显德七年(960),赵匡胤在陈桥驿发动兵变,夺取后周政权,定都东京(今河南开封),建立宋朝,史称北宋。至宋开宝七年(974),还存在北汉、吴越、南唐等政权。宋太祖决定攻取江南,派武惠王曹彬统率十万大军南下,由潘美任都监、曹翰为先锋。南唐后主李煜朝歌暮舞,不问政事,结果国枯民穷,将士无心抵抗。南下的北宋大军禁止杀掠,深得民心,很快渡过长江。同时,北宋约定吴越王钱弘出兵攻下常州、宜兴、无锡、江阴等地后,两军会合。宋开宝八年(975)十一月,南唐后主李煜于金陵(今江苏南京)出降,南唐宣告灭亡。

在攻灭南唐的战斗中,北宋将领浦鹏飞屡建战功,宋太祖赵匡胤敕封浦鹏飞为平南大将军,命留守锡邑。留守无锡的浦鹏飞勤政爱民,邑境大治。因他喜爱无锡湖山之胜景,就把家眷接来,定居于无锡华庄之曹泽,在那里辟田开河,兴建庭院。年老时卒于镇署,寿55岁。墓葬扬名乡曹王泾。有其后裔浦映南撰写《宋始祖平南大将军墓碑记》。无锡浦氏,实际上也是江南浦氏,是由浦鹏飞为始。后裔绵绵繁衍。

玉佩弄原名"清茗弄",它的改名跟一个梳妆楼有关。这个梳妆楼就在旧时的府城隍庙后,名为玉佩楼,出售金银珠宝首饰。到这里的主顾大多是女子,且以年轻女子居多。她们身上玉佩叮叮当当作响,在江南古巷中顿有一种流动的美。玉佩弄,就以梳妆楼而得名,更为那婀娜多姿的佩玉人而辉煌。北大街也因此有了富贵之气,北大街有关风水的说法便和小弄的名字一起在民间传开。随着时间的推移,因为这条街优越的地理位置和便利的交通条件,晚清民国年间,一些有身份的大户人家,包括浦氏,把这里选为居住地,至今留下许多高宅大院。

2000年,玉佩弄民宅被常州市文物管理委员会公布为常州市文物保护控制单位。2002年,因荷花池地块改造、建造玉隆花园小区被拆。

第三部分 文物保护艰辛

"天友来"店旧址

"天友来"店旧址原位于常州市西瀛里187号。

原为"天友来"颜料店。存木构硬山顶楼屋一进,上下三层,面宽三间,墙面为青砖扁砌。后屋倚西瀛里明城墙,为民国年间建筑,占地面积106平方米。

"天友来"店所在的西瀛里位于南市河(城西古运河)北岸,东临青果巷,西至西吊桥(表场),全长720米,道宽10米。明初,开国大将汤和建西营,驻兵于此,故有西营之名。后因城内经常失火,于是将"西营"改曰"西瀛",有"以水克火"之意。

关于西营驻兵一事,旧志均有记载。明清时,常州府分设立常州营、江阴营、靖江营等,"游击都司令今统营汛千兵,分资守御"。

而武进《古迹志》载:"天禧桥东,旧有西行衙,宋建元废。则里名,当仿于'西行'。"根据这一记载,西瀛一名又源自西行衙。

清《常州赋》有"西蠡河三分去路,西瀛里四达亨逵"之句。历史上的西瀛里,

"天友来"店旧址旧影

我与文物保护的那些事

曾为运河驿道,此道沿运河北涯西行达朝京门。明清以后,这里逐步形成街市,商贸繁荣。清代邑人洪亮吉云:"吾乡西瀛里中,为百货业集之所。临河一带,半皆染坊,屋上飞竿插天,大率皆曝布廊也。"

民国时期,西瀛里商铺众多,商贾如云。据统计,当时西瀛里有银行7家,各类保险机构6家,钱庄17家,银号4家,还有颜料店、水产行,等等,堪称民国时期"常州上海滩"。故巷内多见民国建筑。

2000年,"天友来"店旧址被常州市文物管理委员会公布为常州市文物保护控制单位。2005年后,因西瀛里地块改造被拆。

第四部分 文物保护乡贤

第四部分　文物保护乡贤

追忆文物界泰斗谢辰生先生

谢辰生先生

2022年5月2日上午,老友徐瑞清告知:常州籍文物界泰斗、国家文物局顾问、中国文物学会名誉会长、常州市文博鉴赏学会名誉主席谢辰生先生今晨仙逝。闻知噩耗,我简直不敢相信,因为4月1日,我还与谢老的学生修淑清老师联系,请她转告谢老,拙著《我与文物保护的那些事》已完稿。修淑清老师回复我,谢老闻知图书问世,很开心。

如今,谢老离我们远去,怎能不令人痛心、悲伤!

谢老是江苏常州人,1922年出生于北京,从小在大哥谢国桢先生的影响下,对历史有着浓厚兴趣。他是我国第一代文博人,曾任郑振铎业务秘书,主持起草1982年《中华人民共和国文物保护法》,撰写《中国大百科全书·文物卷》前言,第一次明确提出文物的定义。为文物保护,他多次上书中央领导,曾多次说:"回首自己七十多载的文物事业路,我一直坚信保护文物就是守护国家。"

我与文物保护的那些事

我与谢老交往20年,因文物而认识,因文物而交往,因文物而知心。

2002—2006年的常州城市大改造,涉及许多文物的安危。2002年,某些人未经文物管理部门批准,要拆除青果巷历史文化街区保护范围内4条平行线中的东下塘,以及东下塘内的市文物保护控制单位刘氏宗祠,开发房地产。如果东下塘被拆,青果

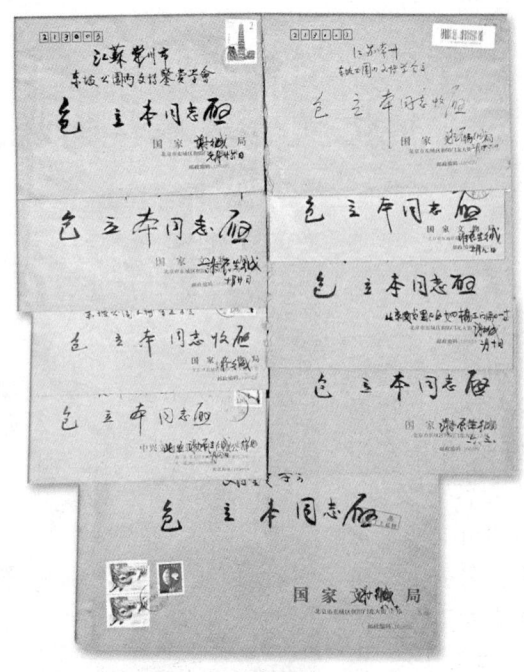

谢辰生致作者文物保护信札

巷整体风貌将被破坏。文保人士经多方努力无效,当时,我的好友、忘年交,中央党史研究室副编审钱听涛先生让我联系时年80岁高龄的常州籍著名文物专家谢辰生先生。

谢老知晓此事后,和丹青先生赶到了常州,亲自过问处理。他与国家文物局领导和江苏省委领导联系,得到了有关方面的重视,东下塘幸存部分得以保护下来,拆除的刘氏宗祠第三进雕花楼勒令开发商进行修复。

这是谢老参与常州文物保护之肇始。为了保护常州的文物,我除了先后赴北京安贞里谢老家、北京清河镇宝盛里钱老家中20多次,聆听二老对常州文物保护的指示外,二老还写给我有关文物保护信札数十封。

第四部分　文物保护乡贤

2006年，常州前后北岸历史文化街区、苏东坡终老地遗址藤花旧馆等保护告急。10月16日，谢老拍案而起，奋笔向时任国务院总理温家宝上书。隔天，温总理做出亲笔批示，使这些文物幸免于难。

可以说，谢老是常州文物的"保护神"，他对于青果巷、前后北岸、大陆饭店、近园、藤花旧馆等众多文物最终能保护下来，以及常州成功申报国家历史文化名城，起到不可磨灭的作用。

谢老不仅为家乡文物保护殚精竭虑，而且在家乡文化事业发展上给予鼎力支持——

2011年11月29日，家乡成立常州春秋龙城文化艺术促进中心，我和中心负责人李小春赴京拜访谢老，谢老欣然应邀担任名誉主任，并题写会标，勉励我们，要多开展文化学术研究，要做好常州文物保护工作。

2015年初，江苏理工学院成立常州市名人研究院，鉴于谢老的影响，聘请他担任名誉院长。我和时任江苏理工学院副校长周兰珍、时任江苏理工学院人文学院院长陈晓雪、时任常州市政协文史委主任沈建钢等4人专程赴北京，拜访谢老。谢老热情接待我们，并题写了"常州市名人研究院"会标和"季札评传"书名，表示有机会回故乡，一定去江苏理工学院看望家乡的学子们，讲一讲文物保护的重要性。

历年来，谢老为拙著《常州名人故居》《常州文物古迹》《常州文物古迹续编》《常州历史建筑》《常州青果古巷》《常州宗教遗存》《常州科举三鼎甲》《常州导游》《常州宝卷》《东坡常州奇缘》《我与文物保护的那些事》等担任顾问，并题写了书名。我还请他为朋友们题写了"黄氏大宗祠""孙覿纪念馆""宝树堂谢氏宗祠""包圭纪念馆""毗陵庄氏江南望族""文物工作札记""缪宏画集""蒋寿元篆刻集""许明焕画集"，等等。谢老从不收润笔费，充分体现了对家乡后学的无私提携。

谢老为人和蔼、待人热情、与人友善，但对破坏文物的行为坚决说"不"。有次我在谢老家中，正开心聊天拉家常，突然来了电话，谢老接电话后，顿时脸色严肃，嘴里嘀咕"我要用拐杖打他们"。后来我才

我与文物保护的那些事

谢辰生上书手迹

第四部分　文物保护乡贤

得知,江南某省会城市政府以旧城改造的名义,对历史老城区大拆大建,要拆除一大批文物,南京博物院原院长梁白泉打电话给谢老讲述情况。谢老义愤填膺、怒形于色。这说明谢老对人对事的爱憎分明。

谢老仙逝是常州文物界,乃至中国文物界的一大损失。想起当年谢老曾对某领导说:"你给我看好这块地(惠商地块),我会关注的!"殊不知他交代保护的地块早已被拆除干净!我们真愧对谢老也!

"满腔热血保文物,一片丹心护古城",这是我泣撰的挽联。由于疫情,我未能赴京送别谢老,只能委托老友、中央电视台记者曲长缨先生代办、敬献花圈表示哀悼。

谢老,您一路走好!我们将继承您的遗志,保护好常州文物!

我与文物保护的那些事

追忆文史大家钱听涛先生

2020年2月17日晚,惊闻常州籍著名文史大家钱听涛先生于前一天在北京逝世。起初,我不敢相信,当得到确认后,我顿时怔住了,内心无比伤感,眼泪止不住掉了下来。

钱老系原中共中央党史研究室副研究员。1929年出生于江苏常州,1948年毕业于省常中,同年考入北京大学哲学系。1949年7月入党,其后相继在中央军委外文训练班学习,在总参谋部某部工作,从事国际战略形势研究。1982年调入中共中央党史研究室,直至离休。曾出版、发表诸多党史、文史专著和文章,若干研究成果在学界影响极大。

钱听涛先生

钱老出生于名门望族,其曾祖父钱遴甫是常州著名私家园林未园主人,外祖父的堂兄是清末民初政治家赵凤昌,大舅父赵燏黄是著名的药学家,二舅父赵汝调是上海新亚药厂厂长。他们对中国近代的历史、文化、经济影响甚大。

我与钱老是忘年交,他生于1929年9月24日,比我大43岁。我俩结识于20世纪90年代初,当时钱老回家乡参加"张太雷纪念活动暨学术研讨会",在时任常州市文管办主任、我的老邻居朱达明的引

第四部分 文物保护乡贤

荐下,我俩相识。闲聊中,他得知我的出生地是乌龙庵,与他的出生地天皇堂弄未园近在咫尺,说起来也算得上是老邻居,而且,我们又都喜欢文史,致力于文物保护,志同道合,所以我俩开始结下了深厚的友谊。

钱老对家乡感情很深,写下了许多回忆文章和文史研究专著。21世纪初,在常州一波旧城改造中,许多老房子面临被拆毁的境地,钱老在常州市委党史工委、市地方志办公室等主办的《龙城春秋》杂志上撰文大声疾呼:手下留情,把根留住,留住文物。钱老表示,自己已老了,如果今后常州能成功申报国家历史文化名城,哪怕走不动了,爬也要爬回家乡祝贺。可见他对家乡的挚爱之情。

为了保护常州的文物,钱老还介绍我结识了文物界泰斗谢辰生、时任国家文物局文物保护司司长柴晓明、中央电视台《焦点访谈》栏目记者曲长缨、《中国文物报》记者田远新等名士,他们古道热肠,施

钱听涛致作者文物保护信札

我与文物保护的那些事

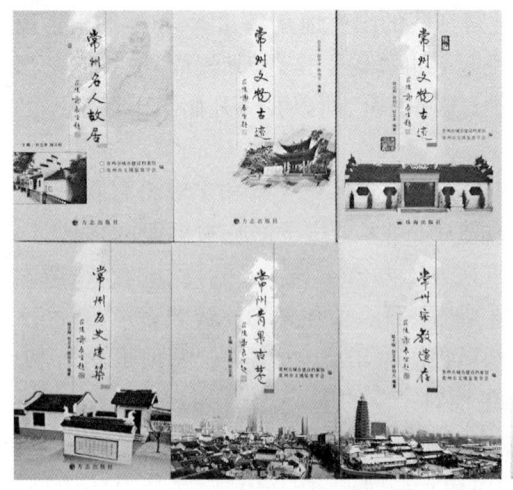

钱听涛为作者编写的常州文物系列丛书作序

以援手,如及时雨般为常州抢救了大批险遭厄运的文物建筑。

钱老时时关心我,事事帮助我。我编写的《常州名人故居》《常州文物古迹》《常州文物古迹续编》《常州历史建筑》《常州青果古巷》《常州宗教遗存》《常州科举三鼎甲》《我与文物保护的那些事》等书籍的序言都是钱老所作,可谓有求必应,没有架子。而且他将对故土的深情凝聚笔端,每篇序言读来无不感人至深。他每每在序言中鲜明地表达这样的观点:常州在文物保护工作上再也不能拆真的文物去建假古董,还遗存的文物要星星点点保护起来;部分文物包括许多名人故居已经修复了,还要使之"活"起来。钱老指出,这是一项艰难的工作,持之以恒,代代传承,目的是让今人、后人都能继承常州优秀文化传统,这才是大家的最终期盼。并表示,自己已届耄耋,精力日衰,但心中的这一愿望,将在有生之年永远为之馨香祷祝、努力奋斗。

2015年初,江苏理工学院成立常州市名人研究院,聘请常州籍全国知名专家学者担任顾问,并广泛征集名人手稿、图书等资料。为此,我和时任江苏理工学院副校长周兰珍、时任江苏理工学院人文学

第四部分 文物保护乡贤

院院长陈晓雪、时任常州市政协文史委主任沈建钢等4人专程赴北京,拜访几位在京工作、生活的常州籍老专家。当来到钱老家,他得知来意后非常抱歉地说,此前他曾向国家图书馆、世界史研究所、外文图书馆、共青团中央档案馆等单位捐赠过图书和文物,还捐赠给了常州图书馆、常州工学院数千册图书,剩下的部分图书已答应

钱听涛为江苏理工学院题词

钱听涛(中)与作者(左)、周兰珍(左二)、沈建钢(右二)、陈晓雪(右)合影

分批捐给常州工学院,所以没有什么好捐赠的了。但他又说,既然大家来到他家,一定要捐献点东西给江苏理工学院。于是,他找出了一些珍贵的手札,交给学院领导,并当场题词"睹乔木而思故家,考文献

我与文物保护的那些事

而爱旧邦",表达了他对家乡文化教育事业的支持。

"藤花虽枯,旧馆犹存;八桂堂虽损,天香楼犹在。"钱老在我和陆志刚编写的《常州名人故居》一书序言中的这两句话,令人深切体会到老人的精神原乡所在。

钱老乘鹤归去,是常州文史界,也是全国文史界的一大损失。常州又少了一位大家,令人无比痛心。但是,钱听涛先生忧国忧民的精神和爱国爱家的情怀,将永存世间。

后　记

2019年8月20日，大运河文化带建设研究院常州分院成立大会暨学术研讨会在常州工学院举行，我也在邀请之列，会上遇到了时任常州市地方志办公室编纂三处处长陈东哲先生。他对我说："你为保护文物做出了许多贡献，花费了许多心血，耗费了许多精力，为何不将保护过程写下来，我把文章刊发在《口述常州》，以昭示后人，激励来者。"

我说："好呀，以多少字为宜？"

"5000字左右吧！"他回答。

"行，我试试看。"

没想到，我一动笔居然洋洋洒洒写下了近10万字，因为当年文物保护经历了许多许多，因此，有许多内容要写，有许多言语要讲，有许多人物要提。

文稿写好后，常州市地方志办公室编辑的《口述常州》第8辑、常州市名人研究会编辑的《人文常州》第4辑先后选刊了部分内容，之后我又根据读者们的意见进行了修改和补充，最终定稿。

感谢薛锋、邵志强、薛焕炳、沙春元、丹青、薛国屏、梁白泉、修淑清、程卓燕、蒋顺青、王益中、顾祖年、卢联珍、李建军、夏星南、徐瑞清、沈建钢、张修民、袁国华、姜一鸣、张志成、陆志刚、张尚金、邵玉健、赵汤亚洲、陈伟堂、张军、张文珺、沈澍、杨维忠、瞿小佩、吴冬冬、顾昈麟、陈磊、赵德明、周然、汤祚永、戴亚君、朱隽、苏慎、许烨、秦大峰、王成军、施冬萍、余忠良、孙晓锋、万惠芬、龚介福、姚纪平、吴林华、孙五一、孙瑞和、吴继周、赵贤德、奚世明、费仲光、肖飞、薛博元等

我与文物保护的那些事

师友对我写作的支持和帮助。

感谢曲长缨、张玉虎、张予北、陈洁、田远新、荆雷、刘国庆、石岩、黄晓政、王彪、韩红军、马奔、张战斗、肖蔚、葛小林、吴昕、冷勤业、楼益华、陆红军、潘振、钱月航、周逸敏、李怀中、李洪涛、蒋建平、谢雪梅、秦坚毅、童华岗、陈征、陆汉伟、陈少华、浦松元等新闻记者为文物保护仗义执言。

也感谢文化界的一大批老前辈,如谢辰生、钱听涛、朱达明、陈肃、李文瑞、顾雪雍、潘茂、羊淇、羊汉、戴博元、缪宏、谢伯子、萧丕谟、吴之光、黄元裕、钱璟之、张俊彦、曲显岐、贺忠贤、徐伯元等,正因为有了他们的不懈努力,常州许多重要的文物才能最终保下来!

2022年1月27日,习近平总书记在山西省晋中市考察调研时指出:"历史文化遗产承载着中华民族的基因和血脉,不仅属于我们这一代人,也属于子孙万代。要敬畏历史、敬畏文化、敬畏生态,全面保护好历史文化遗产,统筹好旅游发展、特色经营、古城保护,筑牢文物安全底线,守护好前人留给我们的宝贵财富。"

我们要遵照习近平总书记指示精神,保护好历史文化遗存,从而使中华优秀传统文化在常州这块土地上也能世代生生不息!

作 者
2022年2月1日于思耘堂

补 记

　　《我与文物保护的那些事》即将送审之际，5月2日上午8点32分，被誉为"一部活的中国文物保护史"的谢辰生先生辞世，享年100周岁。谢老曾多次说："回首自己七十多载的文物事业路，我一直坚信保护文物就是守护国家。"

　　谢老生前任中国文物学会名誉会长、国家历史文化名城保护专家委员会委员、常州市文博鉴赏学会名誉主席等职，为常州众多文物的保护，以及常州成功申报国家历史文化名城，立下不朽功劳。我们谨此表示沉痛悼念。

作　者

2022年5月2日于思耘堂